LEONARDO POLO

A CRÍTICA KANTIANA DO CONHECIMENTO

Coleção Grandes Obras do Pensamento Universal

1 – Assim Falava Zaratustra – **Nietzsche**
2 – A Origem da Família, da Propriedade Privada e do Estado – **Engels**
3 – Elogio da Loucura – **Erasmo de Rotterdam**
4-5 – A República – **Platão**
6 – As Paixões da Alma – **Descartes**
7 – A Origem da Desigualdade entre os Homens – **Rousseau**
8 – A Arte da Guerra – **Maquiavel**
9 – Utopia – **Thomas More**
10 – Discurso do Método – **Descartes**
11 – Monarquia – **Dante Alighieri**
12 – O Príncipe – **Maquiavel**
13 – O Contrato Social – **Rousseau**
14 – Banquete – **Dante Alighieri**
15 – A Religião nos Limites da Simples Razão – **Kant**
16 – A Política – **Aristóteles**
17 – Cândido ou o Otimismo – O Ingênuo – **Voltaire**
18 – Reorganizar a Sociedade – **Comte**
19 – A Perfeita Mulher Casada – **Luis de León**
20 – A Genealogia da Moral – **Nietzsche**
21 – Reflexões sobre a Vaidade dos Homens – **Mathias Aires**
22 – De Pueris – A Civilidade Pueril – **Erasmo de Rotterdam**
23 – Caracteres – **La Bruyère**
24 – Tratado sobre a Tolerância – **Voltaire**
25 – Investigação sobre o Entendimento Humano – **David Hume**
26 – A Dignidade do Homem – **Pico della Miràndola**
27 – Os Sonhos – **Quevedo**
28 – Crepúsculo dos Ídolos – **Nietzsche**
29 – Zadig ou o Destino – **Voltaire**
30 – Discurso sobre o Espírito Positivo – **Comte**
31 – Além do Bem e do Mal – **Nietzsche**
32 – A Princesa de Babilônia – **Voltaire**
33 – A Origem das Espécies (Tomo I) – **Darwin**
34 – A Origem das Espécies (Tomo II) – **Darwin**
35 – A Origem das Espécies (Tomo III) – **Darwin**
36 – Solilóquios – **Santo Agostinho**
37 – Livro do Amigo e do Amado – **Lúlio**
38 – Fábulas – **Fedro**
39 – A Sujeição das Mulheres – **Stuart Mill**
40 – O Sobrinho de Rameau – **Diderot**
41 – O Diabo Coxo – **Guevara**
42 – Humano, Demasiado Humano – **Nietzsche**
43 – A Vida Feliz – **Sêneca**
44 – Ensaio sobre a Liberdade – **Stuart Mill**
45 – A Gaia Ciência – **Nietzsche**
46 – Cartas Persas I – **Montesquieu**
47 – Cartas Persas II – **Montesquieu**
48 – Princípios do Conhecimento Humano – **Berkeley**
49 – O Ateu e o Sábio – **Voltaire**
50 – Livro das Bestas – **Lúlio**
51 – A Hora de Todos – **Quevedo**
52 – O Anticristo – **Nietzsche**
53 – A Tranqüilidade da Alma – **Sêneca**
54 – Paradoxo sobre o Comediante – **Diderot**
55 – O Conde Lucanor – **Juan Manuel**
56 – O Governo Representativo – **Stuart Mill**
57 – Ecce Homo – **Nietzsche**
58 – Cartas Filosóficas – **Voltaire**
59 – Carta sobre os Cegos Endereçada àqueles que Enxergam – **Diderot**
60 – A Amizade – **Cícero**
61 – Do Espírito Geométrico - Pensamentos – **Pascal**
62 – Crítica da Razão Prática – **Kant**
63 – A Velhice Saudável – **Cícero**
64 – Dos Três Elementos – **López Medel**
65 – Tratado da Reforma do Entendimeno – **Spinoza**
66 – Aurora – **Nietzsche**
67 – Belfagor, o Arquidiabo - A Mandrágora – **Maquiavel**
68 – O Livro dos Mil Provérbios – **Lúlio**
69 – Máximas e Reflexões – **La Rochefoucauld**
70 – Utilitarismo – **Stuart Mill**
71 – Manifesto do Partido Comunista – **Marx e Engels**
72 – A Constância do Sábio – **Sêneca**
73 – O Nascimento da Tragédia – **Nietzsche**
74 – O Bisbilhoteiro – **Quevedo**
75 – O Homem dos 40 Escudos – **Voltaire**
76 – O Livro do Filósofo – **Nietzsche**
77 – A Miséria da Filosofia – **Marx**
78 – Soluções Positivas da Política Brasileira – **Pereira Barreto**
79 – Filosofia da Miséria – I – **Proudhon**
80 – Filosofia da Miséria – II – **Proudhon**
81 – A Brevidade da Vida – **Sêneca**
82 – O Viajante e sua Sombra – **Nietzsche**
83 – A Liberdade do Cristão – **Lutero**
84 – Miscelânea de Opiniões e Sentenças – **Nietzsche**
85 – A Crítica Kantiana do Conhecimento – **L. Polo**

LEONARDO POLO

A CRÍTICA KANTIANA DO CONHECIMENTO

TEXTO INTEGRAL

EDIÇÃO PREPARADA E APRESENTADA POR
JUAN A. GARCÍA GONZÁLEZ

TRADUÇÃO
CASSIANO MEDEIROS SIQUEIRA
E SÉRGIO A. P. DO AMARAL

editora
escaLa

editora escala
www.escala.com.br

Av. Profª Ida Kolb, 551 – Casa Verde
CEP 02518-000 – São Paulo – SP
Tel.: +55 (11) 3855-2100
Fax: +55 (11) 3857-9643
Internet: www.escala.com.br
E-mail: escala@escala.com.br
Caixa Postal: 16.381
CEP 02599-970 – São Paulo – SP

Leonardo Polo
A crítica Kantiana do Conhecimento
Título Original Espanhol
La crítica kantiana del conocimiento

A tradução, as revisões, assim como a Apresentação e a Introdução deste livro foram realizadas por membros do
INSTITUTO BRASILEIRO DE FILOSOFIA E CIÊNCIA "RAIMUNDO LÚLIO" (RAMON LLULL)
www.ramonllull.net

Diagramação: Kleber Ribeiro de Sousa
Revisão Técnica: Esteve Jaulent
Capa: Kleber Ribeiro de Sousa
Coordenação Editorial: Ciro Mioranza

ÍNDICE

APRESENTAÇÃO 7
   1. ORIGEM DO TEXTO 7
   2. CONTEÚDO DO TEXTO 7
   3. A FILOSOFIA DE POLO NA DÉCADA DE 1970 8
   4. AVALIAÇÃO DO TEXTO 10
VIDA E OBRAS DO AUTOR 12
   15

A CRÍTICA KANTIANA DO CONHECIMENTO 17
ABORDAGEM DO PROBLEMA 19
I. A CRÍTICA DO CONHECIMENTO 21
   A METAFÍSICA CRÍTICA 21
      A) A METAFÍSICA COMO CIÊNCIA DE PRINCÍPIOS NÃO-HIPOTÉTICOS 21
      B) O SER COMO PRINCÍPIO NÃO-HIPOTÉTICO 24
   A CRÍTICA SEGUNDO KANT 27
      A) O FUNDAMENTO DO SABER OBJETIVO 27
      B) A CONSTITUIÇÃO DA OBJETUALIDADE OU OBJETIVIDADE 28
      C) A SENSIBILIDADE 29
      D) O ENTENDIMENTO 31
      E) O ESQUEMATISMO 34
      F) A "DIALÉTICA TRANSCENDENTAL" 35
      G) A IMAGINAÇÃO TRANSCENDENTAL 38
II. CRÍTICA DA FILOSOFIA DE KANT 41
   TEORIA DA SENSIBILIDADE 41
      A) O FENÔMENO 41
      B) O ESPAÇO E O TEMPO: SUA CONSIDERAÇÃO NO NÍVEL SENSÍVEL 43
      C) A IMAGINAÇÃO 45
      D) O ESPAÇO E O TEMPO DA IMAGINAÇÃO 54
   CONSIDERAÇÃO TRANSCENDENTAL DAS CATEGORIAS 66
      A) CONSTITUIÇÃO DA OBJETIVIDADE 66
      B) INTENÇÃO DA CRÍTICA DA RAZÃO PURA À LUZ DA FILOSOFIA MORAL KANTIANA 71
      C) A ABORDAGEM TRANSCENDENTAL DA FENOMENOLOGIA 72

III. Consideração Metafísica do Conhecimento 77
    A filosofia de Hegel como tentativa de superar a imediação 78
        a) Exposição 78
        b) Crítica 81
        c) A noção de intelecto agente: abordagem metafísica do tema do conhecimento 84
Apêndice 91

Apresentação

1. Origem do texto

O texto que aqui apresentamos sob o título *A crítica kantiana do conhecimento* corresponde a um curso de teoria do conhecimento ministrado por Leonardo Polo, durante o ano acadêmico de 1974-75, a alunos da licenciatura em filosofia da Universidade de Navarra. Alguém provavelmente datilografou os apontamentos desse curso, os quais, corrigidos por Polo e fotocopiados, foram distribuídos no ano seguinte entre os alunos do novo curso, e por meio de um deles chegou a mim o texto original. Cristina e Leyre (meu agradecimento expresso a ambas) digitaram o texto que me chegou; e eu pessoalmente corrigi a versão final para que pudesse ser editada.

O fato de que esses apontamentos foram corrigidos numa primeira instância por Polo garante até certo ponto o conteúdo do texto; porém, repito, deve-se à minha pessoa a revisão final da presente redação: revisão principalmente literária, mas não apenas, pois me permiti incluir alguma glosa em certas passagens. Além disso, a articulação do texto em capítulos e epígrafes, assim como as notas de rodapé, foram completadas por mim. Tudo isso, certamente, com a melhor vontade de comunicar ao leitor o pensamento e também a palavra polianos. Contudo, devo deixar registrado em primeiro lugar que nem todas as correções de Polo ao texto original puderam ser recolhidas nesta versão final; porque sua letra muito pequena, escrita além disso em cópias que já têm quase trinta anos, em alguns casos se apagou parcialmente, e em outros, por algum dos dois motivos, está ilegível. De todo modo, não preciso dizer que o que aqui se apresenta são lições de Polo sobre teoria do conhecimento, baseadas num exame da gnosiologia kantiana; e que a participação daquele que as subscreve é meramente instrumental. Porque, além disso, e finalmente, as correções ou glosas introduzidas obedecem à intenção de deixar bem estabelecido o conteúdo teórico do texto: *amicus Plato, sed magis amica veritas*.

2. CONTEÚDO DO TEXTO

Poderíamos resumir o conteúdo deste curso poliano da seguinte maneira. Certamente, trata-se de um curso de teoria do conhecimento baseado num comentário à *Crítica da razão pura* kantiana. O texto é muito lacônico, como corresponde à sua procedência de alguns apontamentos escritos; e examina basicamente a estética e a analítica transcendentais de Kant. Interessam a Polo principalmente o conhecimento sensível e a realidade do espaço e do tempo, assim como a distinção sujeito-objeto no conhecimento intelectual. Para discutir a primeira temática, Polo recorre ao pensamento aristotélico-tomista e a algumas observações científicas; para tratar da segunda, entretanto, Polo se refere a outros autores do pensamento moderno e contemporâneo: sobretudo Hegel, mas também Husserl, Heidegger, etc.

Tematicamente, Polo se centra nos seguintes pontos doutrinais:

- alguns rudimentos de metafísica clássica para definir a crítica; para delimitar as noções de ser, ente, princípio, etc.; para estabelecer as dimensões da verdade e da referência do pensamento ao ser; ou para mostrar o sentido da noção de intelecto agente.
- um contraste entre a *Estética transcendental* kantiana, que o autor expõe sucintamente, e a psicologia filosófica tradicional, como conseqüência do qual se justifica a idéia de que Kant, enquanto epistemólogo, comete erros graves.

À margem disso, e em comparação com o *Curso de teoria do conhecimento* publicado por Polo entre 1984 e 1996,[1] o mencionado

---
[1] Eunsa, Pamplona, 5 volumes.

contraste mostra algumas diferenças explícitas. Por exemplo, neste texto, e à diferença do *Curso*, descreve-se o espaço olfativo com características comuns ao tátil e ao visual; distinguem-se com precisão as intenções *sensatae* e *insensatae* da fantasia, e sem referência ao sensível *per accidens*; e se atribui à cogitativa não só o pressentimento do futuro, mas também um juízo particular sobre a realidade mais preciso que aquele que se lhe concede no mencionado *Curso*.

▪ uma crítica das noções kantianas de espaço e tempo baseada tanto na psicologia clássica (a partir de sua concepção modalizada dos sensíveis comuns), como em tópicos da ciência atual (a geometria projetiva, a noção física de campo, o princípio de inércia, etc.), tópicos que no *Curso* desapareceram praticamente por completo.

Dentro dessa crítica, quero ressaltar a exposição poliana de uma sucinta história das noções acerca do tempo, a qual é bem interessante, e que não encontrei em outros lugares da obra de Polo. Abarca, pelo menos, três momentos básicos:

a) o tempo epocal, tanto físico quanto anímico, que Polo chama de pré-científico;

b) a idéia de um universo atual, fixo, imutável, intemporal; e sua idéia contrária da sucessão, variação e mudança constantes; dualidade que é latente, quando menos, em toda a filosofia grega;

c) e a noção de tempo geral, moderna, que engloba dentro de si tanto as permanências quanto as modificações. Certamente interessante, a esse respeito, é proposta de Polo sobre a redução à consciência da concepção moderna deste tempo geral.

▪ uma discussão da dialética hegeliana e uma crítica de idéia de Hegel da identidade, que apresenta também suas peculiaridades em relação a outros estudos polianos sobre esse filósofo (basicamente, uma aproximação ainda parcial à formalização da negação como método intelectual).

▪ e uma abordagem da teoria do conhecimento humano – uma discussão do enfoque sujeito-objetualista que Polo descobre no pensamento contemporâneo como herdado da filosofia moderna – que, mesmo sem atingi-la precisamente, aproxima-se da noção aristotélica de práxis cognoscitiva, co-atualidade de operação e objeto. Mas Polo tenta alargar essa co-atualidade, para terminar remetendo o exercício cognoscitivo a uma radical antropologia do conhecimento. Contudo, não aparece ainda a noção de hábito noético, e do intelecto agente só se faz um esboço introdutório.

Para uma completa interpretação do motivo pelo qual Polo constrói sua teoria do conhecimento com estes elementos, parece-me oportuno situar este curso dentro da produção filosófica poliana dos anos 1970.

3. A FILOSOFIA DE POLO NA DÉCADA DE 1970

Polo pensou, numa primeira instância, os grandes traços de sua filosofia – o limite mental e a possibilidade de seu abandono – em meados dos anos 1950. Mais tarde, consagra à abordagem geral e à primeira dimensão do abandono do limite mental a primeira exposição pública de sua filosofia, os três livros editados em meados dos anos 1960[2]. Contudo, até o início da década de 1970, Polo não define completamente todas as dimensões, em particular as antropológicas, de sua proposta de abandono do limite mental[3].

Ora, entre esse começo dos anos 1970 e aquela que chamo de segunda exposição pública de sua filosofia, que Polo empreende precisamente com o *Curso de teoria do conhecimento* a partir de 1984, há uma década de um relativo silêncio de Polo. Este em parte é devido, creio, à incompreensão de que padeceram seus primeiros livros; e em outra parte se deve também ao próprio desenvolvimento do pensamento de Polo, que ainda não havia terminado de consolidar sua mais madura formulação.

Em outro lugar[4] assinalei que, na transição entre a primeira e a segunda exposição de sua filosofia, Polo encontrou o enlace de seu pensamento com a filosofia tradicional, basicamente ao entender a noção aristotélica de práxis cognoscitiva. A partir dela, no final dos

---

[2] *Evidencia y realidad en Descartes* (Rialp, Madri 1963), *El acceso al ser* (Universidad de Navarra, Pamplona 1964) e *El ser I: la existencia extramental* (Universidad de Navarra, Pamplona 1966).
[3] Os manuscritos da *Antropología trascendental* datam de 1972. Em 1971 apareceu o artigo *La cuestión de la esencia extramental* ("Anuario filosófico" IV, 275-308) como um resumo temático da segunda dimensão do abandono do limite.
[4] Cfr. FALGUERAS-GARCIA-YEPES: *El pensamiento de Leonardo Polo*, Cuadernos de Anuario Filosófico, Serie Universitaria nº 11, Pamplona 1994, p. 42.

anos 1970 e começo dos 1980, Polo retoma sua exposição do limite mental e da metodologia que o abandona[5].

Mas, nessa década de transição e silêncio, a investigação poliana não se detém, e pretendo indicar agora alguns dos âmbitos nos quais se ela se desenvolve, em boa medida comprováveis, além disso, no texto que apresentamos. Sirvam estas sugestões:

- Polo quer estabelecer com precisão, no seio da teoria do conhecimento, seu filosofema do limite mental e as dimensões intelectuais que se exercem em seu abandono. Para tal fim, ministra cursos de teoria do conhecimento, como o presente, inicialmente baseados em Kant e mais tarde em Aristóteles. Mas também dá cursos de psicologia racional, para estudar a teoria clássica do conhecimento que há nela e também para examinar alguns autores modernos que, por diversas razões, despertavam-lhe algum interesse. São conhecidos os seus cursos – cujos textos inéditos se conservam no arquivo da obra poliana da Universidade de Navarra – sobre a psicanálise e a psicologia como ciência, que trazem à luz o psíquico, o psicológico sem *logos*, em Kierkegaard, Freud e outros autores modernos.

- Por outro lado, Polo estuda a ciência atual: os debates sobre a ciência e a repercussão das doutrinas científicas na filosofia, tão usuais na filosofia da natureza e da ciência do século XX. São conhecidos os manuscritos sobre a mecânica e a física que distribuía entre seus alunos, por exemplo no curso de 1979-80 que fiz com ele. Inicialmente pensei que Polo investigava a heterogeneidade de movimentos, doutrina dirigida a precisar a diferença entre os movimentos físicos e os processos cognoscitivos, que são práxis sem mediação temporal, simultâneas. Mas, lendo o curso que agora apresentamos, reconhece-se que, além disso, Polo buscava nessas doutrinas científicas uma tematização física do espaço e do tempo, e procurava separar essas duas realidades de suas objetivações humanas.

- Finalmente está a velha luta de Polo com Hegel, que se resolverá antes da publicação do livro *Hegel y el posthegelianismo*[6], e que certamente deu o que falar, ao permitir em certas ocasiões que Polo fosse

....
[5] Considero muito significativo a esse respeito o artigo *Lo intelectual y lo inteligible*, de 1982. "Anuario filosófico" XV-2, 103-32.
[6] Universidad de Piura, Piura (Perú) 1985.

ja considerado como um pensador aparentemente hegeliano. Desconheço os anos exatos dessa luta, mas sabemos que Polo já havia dedicado a Hegel o segundo capítulo de *El acceso al ser*, publicado em 1964, e também que os textos que compõem seu livro sobre Hegel já estavam redigidos com alguma anterioridade, pois foram datilografados, em parte por mim, no começo dos anos 1980. Não é extemporâneo, portanto, situar também essa luta na década de 1970 – suspeito que bem no seu começo – orientada certamente a resolver os problemas gnosiológicos colocados pela dialética, mas também a discutir alguns outros tópicos, metafísicos y antropológicos, da filosofia hegeliana. De fato, o artigo *El hombre en nuestra situación*[7] data de 1979, e nele Polo formaliza a dialética hegeliana da maneira mais padronizada (A, não-A, A e não-A). De passagem, observarei que, no curso que apresentamos, a dialética hegeliana ainda não está formalizada assim, simbolizando-se em particular o terceiro momento como dupla negação (negação de não-A: não-não-A) mais do que como síntese (A e não-A).

4. Avaliação do texto

Isto posto, quero fazer alguma observação final para avaliar a importância do texto que apresentamos.

Antes de tudo, não posso ocultar que é preciso distinguir o que um autor publica, digamos, por si mesmo, dos textos inéditos, ou póstumos, e daqueles que são dados à luz por seus discípulos, seguidores ou admiradores, como é o caso aqui. Polo quis publicar um livro sobre Descartes e outro sobre Hegel, princípio e culminação do subjetivismo moderno; entretanto, não se ocupou de publicar um sobre Kant: e cabe pensar que teria suas razões para isso. Contudo, o número e a freqüência das referências que Polo faz a Kant ao longo de sua obra tampouco nos devem passar despercebidos.

Precisamente, opino que Kant é o interlocutor oculto da filosofia de Polo, tanto pelo que concerne ao seu agnosticismo metafísico (bem contrário à pretensão de abandonar o limite mental em direção à existência e essência extramentais), como pelo que se refere à sua consideração transcendental da liberdade (também estreita em comparação com a tematização poliana

---

[7] "Nuestro tiempo", Pamplona 295-1, 21-50.

da liberdade transcendental, que se alcança ao abandonar o limite em suas dimensões antropológicas). A filosofia poliana do limite mental é, em último termo, uma antropologia do conhecimento; e nisso creio que se assemelha à consideração transcendental do conhecer que Kant adota para fazer sua crítica do conhecimento.

E, efetivamente, o agnosticismo metafísico de Kant se apóia em dois pontos: a distinção fenômeno-númeno e o caráter inobjetivo, não-científico, da metafísica. Entretanto, a percepção poliana do limite mental permite afirmar que a distinção relevante não é a de fenômeno e númeno, mas a que se dá entre a verdade conhecida e o ente real, de acordo com a qual as dimensões metafísicas do abandono do limite mental dão acesso à realidade precisamente delimitada como extramental: *esse rei, et non veritas eius, causat veritatem intellectus*. Por outro lado, essas dimensões do abandono do limite mental sugerem que a metafísica é um saber habitual, o hábito dos primeiros princípios e o da ciência especulativa (racional), bem distinto da objetividade intelectual, sempre submetida ao limite. Como resultado dessas duas observações, cabe afirmar que a realidade extramental é a causa, a concausalidade predicamental ou o primeiro princípio de causalidade transcendental, porque a causalidade não é meramente uma categoria subjetiva. A crítica de Hume à causalidade – Kant não saiu adequadamente do sono dogmático – deve dirigir nossa atenção à sua inobjetividade, e não tanto ao seu *status* subjetivo.

Por outro lado, a antropologia transcendental kantiana é postulativa, dado que outorga uma atividade espontânea ao sujeito cognoscente, mas ao custo de lhe privar de realidade: o sujeito real é o sujeito submetido às leis da moralidade. Mas, em verdade, a atividade construtiva de objetos é tarefa muito pobre para a liberdade transcendental. Entretanto, a filosofia de Polo concede ao limite mental a salvaguarda da essência humana, preservando sua não-mistura com a ordem causal e principial da realidade extramental. Portanto, é alheia a ela toda tarefa de constituição fundamental, de construção espontânea da objetividade. Por conseguinte, a dualidade básica do humano não é a que diferencia razão teórica e razão prática, mas a que distingue a essência do homem de seu ser pessoal – e paralelamente os hábitos cognoscitivos da sindérese e da sabedoria. A partir da distinção teoria-prática kantiana não se pode reparar no intrínseco caráter veritativo da vontade humana e da conseqüente ação prática; nem, sobretudo, na dependência da essência do homem em relação ao seu ser pessoa: evidentemente, a consciência transcendental não é pessoal.

Em último termo, Kant desconhece os hábitos noéticos, em particular os que se dizem inatos, que constituem as profundezas do exercício cognoscitivo; mas sempre em referência ao intelecto agente, porque o que há de último em tudo o que é humano é o ser pessoal. A leitura antropológica das críticas kantianas, como o enfoque antropológico do exercício cognoscitivo, é imprescindível, e constitui justamente o apêndice com que Polo termina seu curso.

Juan A. García González.
Málaga, 1º de fevereiro de 2004.

Vida e obras do autor

Leonardo Polo nasceu em Madrid no dia 2 de fevereiro de 1926. Foi professor de Direito Natural, de Fundamentos da Filosofia e de História dos Sistemas Filosóficos na Universidade de Navarra. Em 1966, ganhou o concurso para Catedrático de Fundamentos de Filosofia na Universidade de Granada, e em 1968 voltou a Navarra onde vive até hoje.

Soube cultivar a filosofia num permanente diálogo com autores de todos os sistemas. Graças a um surpreendente conhecimento dos clássicos e dos modernos, Polo conseguiu conservar o que achou e integrá-lo em novas perspectivas. A sua obra é vasta; até o momento foram publicados trinta livros, uma dúzia de opúsculos e dezenas de artigos em revistas internacionais. Seus escritos inéditos aproximam-se à centena, entre cursos, conferências e outros textos. Hoje, Leonardo Polo é contado pelos especialistas entre os principais pensadores de nosso tempo.

Principais Obras

Curso de teoría del conocimiento (1984)
Nominalismo, idealismo y realismo (1997)
Hegel y el posthegelianismo (1985)
Claves del nominalismo y del idealismo en la filosofía contemporánea (1993)
Nietzsche como pensador de dualidades (2005)
El acceso al ser (1964)
Presente y futuro del hombre (1993)

A Crítica Kantiana do Conhecimento

ABORDAGEM DO PROBLEMA

Dar prioridade à teoria do conhecimento é algo artificial. O natural é estudar o que se conhece e não aquilo com o qual se conhece. A mente, desde o início, abre o homem ao mundo; e o homem, desde o início, aceita um realismo, que foi denominado ingênuo.

Ora, por que se faz uma reflexão sobre o conhecimento? O motivo é, inicialmente, penoso: pela experiência do erro, que produz uma paralisação da atitude espontânea, direta. Assim enfocada, a teoria do conhecimento se apresenta como um empreendimento investigativo quase econômico (de contabilidade e balanço); como uma tarefa que discerne o que é conhecimento do que não o é, examinando os instrumentos cognoscitivos e assinalando-lhes um valor. Depois do questionamento da atividade cognoscitiva, poderemos talvez ser realistas, mas com um realismo crítico.

Além disso, a teoria do conhecimento é uma tarefa que se apresenta de certo modo como problemática. Essa volta sobre o conhecimento, não estará ela mesma afetada por um grau interno de erro? Em outras palavras, o que quer dizer conhecer o conhecer? Será algo possível?

Abordamos nessas perguntas o tema do conhecimento, que é o objeto de estudo da *Crítica da razão pura*, de Kant.

I. A Crítica do Conhecimento

Um dos nomes com que, freqüentemente, é designada a teoria do conhecimento é a palavra "crítica". A palavra "crítica" encontra sua raiz no termo grego *krísis*: estabelecer um discernimento, sentenciar, julgar. A filosofia crítica é a filosofia que julga.

Como filosofia que julga, a crítica adotou, historicamente, duas formas:

a) Uma primeira é entendida como uma das partes em que se desdobra a metafísica. A crítica é a metafísica crítica ou a parte crítica da metafísica. A metafísica estuda o mundo (cosmologia), o espírito humano (psicologia racional e teoria do conhecimento) e a Deus (teologia filosófica).

b) A crítica se apresentou, também, como o problema nuclear da metafísica; ou, melhor ainda, a questão que forja a metafísica como problema. A crítica, como filosofia que tenta mostrar a radical problematicidade da metafísica, encontra em Kant o intérprete mais autorizado.

A METAFÍSICA CRÍTICA

a) A metafísica como ciência de princípios não-hipotéticos

Embora isso seja às vezes ignorado, o tema do conhecimento tem um importante relevo dentro do pensamento antigo, que alcança sua maturidade no século XIII, no qual se alcança de maneira especulativa a assunção temática da filosofia grega. E o que nos diz a tradição sobre o tema do conhecimento? Vejamos.

"Esta ciência (a metafísica) *se ocupa de maneira completamente geral da verdade, e, precisamente porque se ocupa de maneira completamente*

geral da verdade, compete-lhe ocupar-se de maneira inteiramente geral das dúvidas" [1]. Todas as dúvidas que podem ser colocadas são resolvidas segundo o estatuto sapiencial cognoscitivo da própria metafísica. Portanto, a metafísica dá razão de si mesma, e o dar razão de si mesma lhe compete de maneira exclusiva.

Se dissermos que a filosofia crítica se apresenta como uma filosofia que julga, o que julga a metafísica? A metafísica julga tudo: as demais filosofias, todos os tipos de saber e, inclusive, julga-se a si mesma. A metafísica pode, por isso, estabelecer o saber supremo; e pode, também, justificar como se estabelece esse saber supremo.

Em último termo, as ciências se constituem segundo princípios; e em geral esses princípios funcionam de uma maneira postulativa, são hipóteses. A metafísica, entretanto, procede a partir de princípios não-hipotéticos. O não-hipotético é o que se põe como princípio dando razão de todo o mais e de si mesmo; por isso, é indemonstrável, é princípio último, ou primeiro: princípio sem princípio.

Essa indemonstrabilidade dos princípios surge em função de sua evidência. A evidência está referida aos princípios mesmos. A metafísica é um saber a partir dos princípios, os quais, ao serem eles mesmos evidentes, permitem uma vidência a partir de si mesmos: *ex videre*. A comunicação da evidência é essa "vidência a partir de". A demonstração dos princípios hipotéticos ou condicionais (do tipo: se A então B) é conseguida com o caráter posicional puro dos princípios não-hipotéticos (A logo B). A justificação de "A" elimina o "se" condicional: a partir do posicional puro se põe o restante, e se justifica o hipotético. Se a metafísica é construída sobre princípios não-hipotéticos, é claro que pode julgar sobre tudo e sobre si mesma.

E, então, como é possível que se introduza a dúvida? A dúvida pode introduzir-se pela não referência estrita de um saber aos princípios não-hipotéticos. E assim a metafísica pode julgar sobre as dúvidas: porque sua constituição sapiencial é principial.

Conhecer é, em último termo, referir-se a princípios. Referir-se a princípios é o acontecimento radical do que chamamos de "evidência",

---

[1] TOMÁS DE AQUINO: *In XII Metaph.*, 3, 1.

e nesse acontecimento radical se resolve a nossa capacidade que chamamos de conhecer. A efetividade, a radicalidade do conhecer não está no mero fato de conhecer, mas na principialidade, que, enquanto está referida ao conhecer, é ou constitui a evidência. O conhecimento é algo posto de tal maneira que alcança a própria posição a partir de princípios não-hipotéticos.

Numa primeira aproximação, poderia parecer que conhecer é ir descobrindo notícias mediante um processo, no qual o puro ir conhecendo se compara com aquilo que se conhece, estabelecendo-se uma correspondência biunívoca entre conhecer e conhecido. Nesse sentido, conhecer seria uma capacidade posta em marcha, que vai se estendendo, expandindo, adquirindo cada vez maior número de notícias. Isso, que poderíamos chamar de uma interpretação extensionalista do conhecimento, não esgota o que diz Aristóteles e que, de uma maneira especulativa, Santo Tomás realiza. O conhecer é medido, antes de tudo, pela capacidade de adquirir, alcançar princípios. Um conhecimento referido ao seu termo ou objeto pode ser considerado algo terminal; mas o radical do conhecimento não é que seja terminal, mas principial. O conhecimento acontece, mas a constituição do conhecido enquanto tal se faz a partir do princípio; e a constituição a partir do princípio é mais importante que uma mera consideração do conhecimento como acontecer que desemboca ou termina em objetos. Portanto, o conhecimento acontece, mas só enquanto referido a princípios. O princípio é o que se opõe à mera posicionalidade do conhecido. A capacidade mais própria do conhecer não é a de se opor aos objetos, mas a de aceitá-los, assimilá-los e aprofundar-se neles.

Se conhecer fosse só espontaneidade em busca de um termo, mera expansão, jamais seria determinado, seria sempre algo indefinido, ou seria um processo que se perderia no nada. Entretanto, a capacidade de julgar da metafísica se enraíza em sua estrutura principial, em seu estatuto sapiencial, como saber de princípios nos quais se resume a evidência. O conhecimento, em sua referência a princípios, é um tema ou um aspecto de que se ocupa a metafísica, e realmente básico para ela.

Porque referir-se a princípios, além disso, exige ser antecipado pelo próprio caráter do princípio. Desse modo, o conhecimento humano é um conhecimento medido, mensurado, antecedido pela natureza daquilo de que se ocupa. Por aqui dirigimos nossa atenção ao ser, que é tema da metafísica.

b) O ser como princípio não-hipotético

O estritamente primordial e não-hipotético é o ser, princípio dos princípios, radicalidade de todas as radicalidades.

Mas, além disso, a principialidade do ser, estritamente falando, é constituinte: todo resultado seu fica amparado pelo princípio, sem se destacar anulando o princípio, mas sendo abarcado por ele. Como princípio, ser é também constituir desde si: *ex se*.

Ora, a principialidade, na medida em que está posta à disposição do que ela mesma constitui, cabe denominá-la ente: *id quod habet esse*. Essa noção é equivalente a uma outra grega, a *ousia*: ser propriamente, ser em propriedade, consistir. O ser é um princípio com força constituinte; de tal maneira que, como há ser, há o que é; a principialidade do ser implica o ente.

Ora, uma vez que o ser implica o ente, passamos à ordem da consideração do constituído, da riqueza interna do que é, da consistência. As coisas não estão constituídas de qualquer maneira, mas se constituem, antes de tudo, sendo.

Por interna e densa que seja toda constituição – que expressa a virtualidade do princípio – sempre implica, salvo no caso de Deus, composição. A composição é reflexo do caráter principiado da *ousia*, ou do ente mesmo. O ente, principiado pelo ser, continua em seu próprio plano a principialidade, mas agora como diversificada. Desse ponto de vista, o ente é o que costumamos chamar de substância, composto (*sýnolon*) que se enraíza numa principialidade interna à substância mesma.

Quando o princípio tem um resultado consistente, produz-se uma limitação do ser: o ente pode ser resultado do ser apenas como sua limitação. A determinação do ser é também certa limitação do ser; ter o ser marca uma medida para o ser. Manter-se no ser originário sem passar a uma consistência seria o caso de Deus; mas, então, propriamente falando, não há ente. O ente, ao ser resultado do ser, não pode ser uma unidade pura, deve estar composto por princípios internos.

Portanto, o princípio subsiste em seu caráter originário – Deus – e também constitui o que é – ente. Tudo o que não é Deus também é real, mas com alguma constituição. Deus é real simplesmente sendo. Na criatura, a realidade é da ordem do constitutivo.

A *ousía*, ainda que seja primordial, só o é em virtude do ser; isto é, a noção de consistência – consistente é o que é *per se* – pode ser considerada primordial, mas não em absoluto, já que a substância é a versão do ser para algo que, em termos absolutos, é derivado. Se o ser permite uma apropriação por parte da *ousía*, essa apropriação não se faz sem uma degradação de nível, com perda de simplicidade. A riqueza do que é, do que está sendo, é protéica, não simples; inevitavelmente estruturada. No plano da constituição, nunca há absoluta simplicidade.

O caráter uno e variado (analítico e sintético) do constitucional pode ser captado de uma maneira global; mas, entretanto, não se pode captar *a priori*, principialmente. Isto é, ainda que eu entenda o ente e sua constituição interna, nem por isso as notas, os aspectos dessa riqueza composta são conhecidos *a priori*: conheço-os só na medida em que se manifestam a mim. Ora, a maneira como se manifesta a mim a riqueza da constituição, da *ousía*, é inevitavelmente parcial: esta ou aquela nota em cada caso. Para poder conhecer a constituição referindo o que se manifesta a mim àquilo de que procede – à constituição entitativa – devo estabelecer uma união, devo estabelecer juízos.

Ora, já que meu conhecimento pode referir à ordem da constituição as notas que se dão a mim de maneira múltipla, isto é, já que meu conhecimento é capaz de referir a manifestação do ente ao ente, então aparece outra dimensão do conhecimento: o conhecimento é aquilo que tem a ver com a verdade. No plano do conhecimento, a verdade é a correspondência entre a síntese judicativa e a constituição entitativa.

De tudo o que foi dito até agora se conclui que o conhecimento, do ponto de vista da metafísica crítica, aparece-nos em três planos ou dimensões:

1) O conhecimento, em seu sentido radical, tem a ver com princípios, é regido por princípios. Nosso conhecimento é capaz de conhecer o ser, uma vez que se impõe a nós como o não-hipotético por antonomásia, como o princípio de todos os princípios.

2) O conhecimento é também um conhecimento do ente – do que em si é complexo. Esse ser em si se oferece a nós, dá-se a nós, de maneira múltipla. O conhecimento da entidade é também principal, e se dá em tudo o que conhecemos; porque tudo o que se conhece é conhecido em sua referência ao ente.

3) Nosso conhecimento, além disso, expressa a pertinência à constituição dos aspectos dessa constituição que nos são dados. Nesse sentido, podemos referir a manifestação à entidade, e isso é julgar. Meu conhecimento tem a ver com a verdade de maneira manifestativo-sintética, expressando que determinadas notas conhecidas pertencem à constituição do ente. O juízo é, justamente, aquilo em que há declaração do ente. O entendimento, enquanto tem a ver com a verdade nesse nível, é manifestativo e declarativo do ente.

O conhecimento, enquanto está regido pelo princípio, não é um conhecimento que tem esse princípio como objeto: o ser não se objetiva jamais, o ser é o transcendente. Nossa capacidade de objetivar com respeito à principialidade não é nunca direta. Temos um conhecimento do ente pré-temático: o ente em relação ao nosso conhecimento é aquilo em que se resolvem todas as nossas objetivações, que se reconhecem como fragmentárias em relação a uma totalidade mais ampla. Nossos conhecimentos objetivos são concepções fragmentárias dessa constituição que depende do ser. Resolvemos nossas objetivações construtivamente em relação ao ente, o qual é manifestado judicativamente pelo conhecimento.

Assim, nosso conhecimento:

1) objetiva (refere-se a realidades mais amplas);

2) articula objetivações (reconhece o caráter mais amplo dessas realidades com respeito às objetivações);

3) e manifesta que aquilo a que referimos as objetivações é algo principial (nosso conhecimento tem a ver com o ente e com o ser).

Na circulação radical da metafísica (justificação de si mesma), aparece o conhecimento enquanto tal e em suas principais dimensões. A metafísica existe não só como produto histórico, mas, fundamentalmente, como o saber que se justifica a si mesmo. Por isso traz implícita uma teoria do conhecimento. Ao descobrirmos a crítica como um implícito da metafísica, enquanto saber circular, então aparece tematicamente o conhecimento. Em outras palavras, a reflexão intrínseca sobre o próprio pensamento não se inicia nele, mas é possível em virtude do caráter circular da metafísica. Desde essa perspectiva, a metafísica crítica é, certamente, uma parte da metafísica, uma autêntica teoria do conhecimento.

A CRÍTICA SEGUNDO KANT

A crítica se constituiu também num contexto distinto do da metafísica como saber circular. O ponto de vista kantiano declara que a metafísica como saber que se autojustifica – saber circular – é mera pretensão. Para que o fosse, teria que se exercer de maneira estritamente fundamentada. Ora, para isso deve-se levar a cabo uma investigação sobre os fundamentos; e, segundo Kant, a metafísica não cumpriu essa investigação nos termos adequados, que, para ele, são os do sujeito.

Então, a justificação da crítica não mais virá pelo lado da circularidade sapiencial da metafísica, que foi declarada como intrinsecamente problemática. A crítica se justificará agora como reflexão que versa sobre a possibilidade ou impossibilidade de um saber metafísico objetivo. Dado o fato de que a metafísica, como saber circular, é uma ciência insuficientemente fundamentada, um saber crítico sobre sua possibilidade deve ser seu inevitável ponto de partida. A crítica deve ser a autêntica fundamentação de uma metafísica que até agora tem apelado ao fundamento sem investigá-lo adequadamente.

a) O fundamento do saber objetivo

Para Kant, só se pode falar de fundamento do saber caso haja algum saber efetivo, caso o saber esteja constituído de alguma maneira. Kant aceita que, em determinados campos do saber, há conhecimento rigoroso. Isso tem, para ele, o caráter de um fato primário: é o que chamará de *factum* da razão pura. Isto é, Kant não duvida de que existam saberes que sejam efetivamente ciências. A tarefa que se deve empreender é averiguar como é possível que o sejam.

O fundamento que Kant está buscando é um fundamento novo, ou melhor, um novo sentido do fundamento. A pergunta por ele só é possível se existe uma ciência como *factum*; e com toda segurança, para Kant, há três ciências que o alcançaram, que conseguiram realmente o caráter de ciência: a matemática, a geometria e a física (refere-se à física newtoniana).

Mas em que consiste o caráter científico dessas três ciências? Segundo o filósofo alemão, consiste em que são conhecimentos objetivos, rigorosos. O objeto dessas ciências é um autêntico objeto, ou seja, é algo dado segundo uma lei. Assim, portanto, o *factum* da ciência significa que existem autênticos conhecimentos objetivos, nos quais o nosso conhecimento alcançou a dignidade de objeto de uma maneira intrínseca e indubitável. Constituir rigorosamente objetos significa que algo dado foi legitimado, e assim fundado.

A pergunta pelo fundamento se converte então, em Kant, na pergunta sobre como é possível o conhecimento objetivo. De outra maneira: quais são as condições de possibilidade do objeto? É possível perguntar isso – importa tê-lo em conta – porque, de fato, temos objetos indubitáveis: os da matemática, da geometria e da física.

Os pretensos temas da metafísica serão, efetivamente e de verdade, objetos? Se a resposta a essa interrogação for negativa, teremos que dizer que a metafísica só é possível como uma natural aspiração humana, como uma inclinação ou tendência de nossa mente. E, certamente, a metafísica kantiana não obtém a constituição de tais objetos, mas antes sua simples suposição.

Se fundar um saber é perguntar-se pelas condições de possibilidade ou pelos elementos que legitimam o objeto, então a pergunta que devemos responder, definitivamente, é: como é possível o objeto?

b) A constituição da objetualidade ou objetividade

Perguntar pelo objeto é interrogar-se sobre os elementos do objeto enquanto tal, sobre a objetividade. (Trata-se daquilo que Zubiri chama de objetualidade.) O objeto é, ademais e exclusivamente, objeto de conhecimento: fica descartado, desde o início, que na constituição do objeto existam elementos realmente cosmológicos, físicos, biológicos, etc.

O objeto se constitui de uma maneira mista; isto é, consta de dois elementos heterogêneos: um elemento que está dado e outro que propriamente não está dado, e que representa a espontaneidade mesma do conhecimento. Todo objeto remete a uma capacidade receptiva e a uma capacidade espontânea do conhecimento: o conhecimento não é nem pura espontaneidade, nem pura receptividade, mas união de ambas: objetualidade.

O que o conhecimento tem de recebido carece de necessidade interna, é contingente. Do ponto de vista da receptividade, nosso conhecimento é uma pluralidade, sem regularidade, sem lei nem regra. Nos objetos, não obstante, notamos algo necessário, formal, algo que é lei e regra. Essa formalidade do objeto, descartada a receptividade, tem que provir, necessariamente, da espontaneidade do conhecimento. O que o conhecimento tem de regulador, de necessário, de configurador, só pode ser atribuído à espontaneidade do próprio conhecimento.

Em termos gerais, podemos dizer que aquilo que na objetividade provém do conhecimento mesmo e conota sua espontaneidade, Kant o chama de *a priori*. Assim, portanto, a espontaneidade do conhecimento, enquanto formalidade da objetualidade, é o *a priori* do conhecimento.

Estaria garantido que todo *a priori* se una ao receptivo constituindo objetos? Estaria garantido que toda espontaneidade desemboque em objetos? A resposta a essas duas perguntas é negativa: a espontaneidade do nosso conhecimento vai mais além, é mais ampla que a estrita formalidade unida ao dado. A união do *a priori* ao material, ao dado, é parcial; só uma parte do *a priori* se une ao recebido, e, portanto, deve ser levada em conta na consideração fundamental do objeto. Essa parte fecunda da espontaneidade, Kant a chama de transcendental. Essa noção é mais restrita que a noção de *a priori*: reduz-se ao *a priori* constitutivo de objetualidade.

Resumindo. Enquanto nosso conhecimento é receptivo, Kant o denomina sensibilidade; enquanto é *a priori* espontâneo e transcendental, entendimento; e finalmente, enquanto nosso conhecimento é *a priori*, não transcendental, mas problematicamente objetivo, Kant o chama de razão. São as três faculdades cognoscitivas que Kant estuda. (Já falaremos também da imaginação transcendental.)

c) A sensibilidade

Dizemos que a sensibilidade é o conhecimento enquanto receptividade. Essa recepção é uma afecção, e o conhecimento o ser afetado; ora, o conhecimento só pode ser afetado segundo o modo próprio do conhecimento – na medida em que o conhecimento permite ser afetado. Existe na sensibilidade, portanto, um elemento que não é pura afecção, mas que, justamente, é o modo segundo o qual a afecção é recebida. Esse elemento, que, apesar de não ser espontâneo, não é redutível à pura afecção, é duplo e fixa o modo determinado como recebemos a afecção sensível. Esse modo duplo de receber é, para Kant, o espaço e o tempo. Espaço e tempo são, de certo modo, *a priori*: o conhecimento não os recebe; ainda que, em sentido estrito, tampouco possam ser considerados como espontaneidade. Temos então que o conhecimento, enquanto sensibilidade, não é puramente passivo: pois, ao receber a afecção, o conhecer lhe imprime uma forma. O conhecimento imprime na afecção as formas do espaço e do tempo.

A consideração resultante do espaço e do tempo unidos à afecção recebe o nome de fenômeno. O fenômeno não é o objeto de conhecimento, mas, antes, é o conhecimento como fenômeno, como aparecer, isto é, como pura aparência, como puro perspectivismo sensível. O fenômeno, para Kant, não é objeto, carece precisamente de objetualidade. A consideração objetiva do fenômeno é artificial, demasiado separada do sujeito. A razão disso está em que o fenômeno é o que é conhecido, em relação ao qual nenhuma subjetividade se distingue: não há necessariamente sujeito aperceptivo do fenômeno. No conhecimento como recepção, não há o que se chama de eu. Denomina-se então fenômeno aquele conhecimento que está totalmente fundido com o sujeito, até o ponto de ser uma sensação sua; de maneira que o fenômeno não é mais que uma afecção do sujeito, e este a forma de recepção daquele. O sensível é a espaço-temporalidade do que afeta, e, justamente a isso, Kant chama de fenômeno.

Kant afirma que não é possível considerar o que afeta, senão na medida em que é espacializado e temporalizado. Uma consideração da afecção enquanto tal não é possível, ainda que o seja uma consideração do modo como o sujeito a recebe, das formas de recepção. O espaço e o tempo, considerados à parte, são intuições puras. Uma intuição pura é a consideração estrita da forma de recepção. Se não as separamos da afecção, o que temos é, simplesmente, o fenômeno, a recepção segundo o espaço e o tempo do que afeta.

O caráter puramente intuitivo do espaço e do tempo significa que não são, de maneira nenhuma, conceitos. Kant fornece a seguinte razão para isso[2]: as formas espaço e tempo não são conceitos porque carecem de universalidade; e não são universais porque carecem de inferiores, não podem referir-se a inferiores: se dividimos espaço e tempo, encontramos o mesmo: espaço e tempo; isto é, não são analisáveis: ao tentarmos analisá-los, eles reaparecem outra vez. Espaço e tempo são, portanto, intuíveis, mas não pensáveis (numa consideração necessária)

O estudo da sensibilidade sob essas formas *a priori* do espaço e do tempo constitui a *Estética transcendental*.

d) O entendimento

O entendimento é o conhecimento enquanto espontaneidade referível ao dado. Enquanto tal, o conhecimento atua segundo conceitos, segundo o que Kant chama de categorias. As categorias são determinados modos de unidade que têm um valor necessário, de regra; e que, ao mesmo tempo, valem para os objetos: são universais.

As categorias se caracterizam por serem pensáveis, e nisso se diferenciam de espaço e tempo, que são intuições puras. Isso não quer dizer que sejam objetos, já que a objetualidade é o conjunto de categoria e fenômeno. Que quer dizer então que as categorias são pensáveis? Quer dizer, portanto, que as categorias podem ser reduzidas ao sujeito, mas com uma distinção em relação a ele. Assim como no caso da sensibilidade, a subjetividade não pode se isolar, separar-se, descolar-se do objeto: as formas da sensibilidade se reduzem ao sujeito completamente; no caso das categorias, estas são pensáveis porque o sujeito se destaca delas, porque as categorias aparecem diante do sujeito. Desse ponto de vista, as categorias são *quasi*-objetos, na medida em que estão dirigidas, destinadas à objetivação. Mas, numa consideração que implique necessidade, ainda não são objetos, embora sejam pensáveis.

Que sejam pensáveis significa, justamente, que em relação a elas, em relação às categorias, destaca-se uma função pura de unidade, à qual Kant

---
[2] Cfr. *Crítica da razão pura*, A 25 e A 32.

chama de "eu penso"³. O "eu penso" é a referência das categorias à unidade que as abarca, destacando-se por sua vez delas. As categorias são como uma analítica do "eu penso", significando, com respeito a ele, o caminho pelo qual ele pode se referir aos objetos. O "eu penso" se refere a objetos quando as categorias se unem aos fenômenos.

De tudo isso trata a *Analítica transcendental*. Ora, como é possível que as categorias subsumam os fenômenos? Como é possível que algumas funções de unidade se unam, articulem-se, com um conteúdo que é uma multiplicidade? Em Kant, além disso, a questão da unidade categorial articulada com a multiplicidade fenomenal não é tratada como um mero problema funcional. Porque, além disso, essa articulação, essa unidade, tem que ser *a priori*, emergir do sujeito.

Mas, então, qual é a autêntica unidade: a categoria, ou a união da categoria e do fenômeno? Nesse ponto, Kant oscila: se diz que a unidade do objeto é a mais forte, então a função da categoria não é só a unidade que remete ao "eu penso", mas outra um pouco distinta; e, portanto, a investigação que realizamos até agora, no que respeita à categoria, não é a fundamental, porque não nos dá a estrita unidade do objeto.

A intrínseca unidade entre a categoria e o fenômeno, de um certo ponto de vista, é imprescindível, porque o conhecimento, por si mesmo, é uno. Por isso, deve ser superada desde o início a distinção entre conhecimento dado e conhecimento espontâneo, ficando estabelecido, justamente, que a unidade do objeto não é a categoria, e sim aquela que reside na articulação de categoria e fenômeno. Para essa unidade é requerida uma fundamentação distinta da mesma categoria, pois é preciso incluir o fenômeno no qual o sujeito pensa.

Distinguimos, portanto, dois sentidos da unidade do entendimento:

- Unidade do objeto:

Heidegger, em sua obra *Kant y el problema de la metafísica*⁴, sustenta que a unidade do objeto obedece a uma fonte em relação à qual tanto o entendimento quanto a sensibilidade devem ser considerados como ramificações. Se o objeto é primariamente uno, então tomamos o

---

³ Cfr. *Crítica da razão pura*, B 132.
⁴ Traduzido para o espanhol em FCE, México 1954. Cfr. especialmente a terceira parte.

conhecimento antes da sua divisão em espontaneidade e receptividade. Essa distinção, segundo Heidegger, é secundária: não é a fundamental, porque ela mesma é fundada.

- Unidade da categoria:

Desde uma perspectiva kantiana, há sérias dificuldades para aceitar essa interpretação de Heidegger. Segundo Kant, nosso conhecimento produziria seu próprio objeto supra-sensível – distinto do fenômeno – se tivesse intuição intelectual. Por carecer dela, vê-se obrigado, para constituir objetividades, a tomar um conteúdo de natureza sensível, que ele não pode se dar porque este é alógico. O fundamental no conhecimento é a espontaneidade, a emergência a partir do "eu penso"; a sensibilidade representa a intrínseca limitação de um conhecimento carente de intuição intelectual: pois a espontaneidade do eu não consegue dar a si mesma um conteúdo.

Encontramo-nos, portanto, com um dilema: unidade do objeto, ou unidade da categoria. De sua solução, sairão duas interpretações pós-kantianas do conhecimento distintas:

1ª) A unidade da intelecção remete ao "eu penso".

Se considerarmos o valor primordial da espontaneidade do conhecimento, aceitando que o conteúdo objetivo é receptivo, fazemo-lo forçados pela necessidade. Mas, se fosse possível, tentaríamos deduzir o conteúdo dos conceitos da espontaneidade mesma do conhecimento.

O prosseguimento de Kant, com a afirmação de que a espontaneidade dá a si mesma seu próprio conteúdo, constituirá o idealismo absoluto (Fichte, Schelling e, sobretudo, Hegel).

2ª) A unidade da intelecção se fundamenta no objeto entendido.

Desde o outro ponto de vista passou-se a insistir no seguinte ponto: o que deve ser esclarecido antes de tudo é a constituição mesma do lugar de aparição do objeto. Este, antes de ser deduzido ou não a partir de uma espontaneidade, tem que ser assegurado em seu caráter mais íntimo, mais próprio, que é o de sua presença diante de um sujeito. O objeto, antes de qualquer coisa, é presente para um sujeito. A investigação deve estudar como se constitui um âmbito de presença, pois o essencial no objeto não é ser produzido por, mas dar-se perante, isto é, segundo uma presença. A corrente filosófica que estuda ou aborda o tema do objeto desse modo é a fenomenologia.

Agora podemos retomar o tema kantiano: como é possível a unidade de fenômeno e categoria? Tal visão ou articulação de entendimento e sensibilidade é dada, em Kant, por sua doutrina do esquematismo transcendental.

e) O esquematismo

Além dos conceitos ou categorias e dos fenômenos, o conhecimento possui algo que participa dos dois, isto é, que se assemelha ao fenômeno e ao conceito: é o esquema imaginativo.

O esquema, para poder unir fenômeno e conceito, deve ser bifronte, ou seja, deve se assemelhar em parte aos dois. Segundo Kant, ele é uma certa organização do tempo, seu uso construtivo, que nos permite referir a categoria à representação sensível, ao passo que o tempo pode ser considerado como a forma mesma do construir representações: toda construção não é mais do que uma determinação do tempo.

A aplicação do conceito ou categoria ao sensível só pode ser realizada de modo construtivo: o conceito constrói sua representação, e assim subsume ao sensível, tendo o tempo como forma mesma da construção. Uma aplicação com um só golpe, total, da categoria ao fenômeno, é algo que o fenômeno não permite; mas é possível que essa aplicação se realize de uma forma construtiva. O esquema é o tempo na medida em que é suscetível de organização, de receber, como forma de construção, a unidade categorial.

A unidade se instaura na sensibilidade seguindo uma regra que, necessariamente, deve ser construtiva: a vigência do conceito na sensibilidade é uma construção temporal. O conceito, para poder ter vigência na sensibilidade, tem que se ajustar ao que de múltiplo há nela. E isso é possível devido ao uso transcendental do tempo, que se exerce como regra de construção.

A categoria, segundo o esquema, aplica-se, não incondicionadamente, mas segundo um uso, que é dotar o tempo de um valor de regra, isto é, dar-lhe um papel construtivo. Isso significa também que, como função de unidade, a categoria se aplica limitadamente. O esquema é, justamente, a limitação que deve sofrer a unidade para ter vigência sobre a multiplicidade.

Segundo Kant, por exemplo, a única maneira de que o conceito de circunferência alcance o plano da sensibilidade e, portanto, de que se constitua no objeto imaginado de circunferência, é que essa noção possa ser construída[5]; e construí-la não é mais do que um uso do tempo: traçar uma circunferência é usar o tempo de uma determinada maneira, exercendo constantemente a eqüidistância em relação a um mesmo ponto, que é o centro. Nesse caso, a docilidade do esquema ao conceito de circunferência se exerce, justamente, traçando-a, construindo-a, usando o tempo de uma determinada maneira.

Tendo contemplado já os elementos da objetividade, podemos entender melhor a famosa sentença kantiana: *"as condições de possibilidade da experiência em geral constituem por sua vez as condições de possibilidade dos objetos da experiência"*[6]. O conceito abre passagem até a experiência, e isso quer dizer que o conceito é da ordem da constituição do objeto. A razão pela qual o conceito ainda não é objeto e aquela pela qual o fenômeno tampouco o é são distintas; mas, numa consideração conjunta, são complementares. O fenômeno é da ordem do dado, ainda que não de um modo necessário. O conceito, que é pensável, é necessidade, mas não da ordem do dado. E assim se pode entender também a sentença kantiana: *"os pensamentos sem conteúdo são vazios, as intuições sem conceito são cegas"*[7].

Se tivéssemos uma intuição intelectual, teríamos objetos plenamente inteligíveis. Mas, como isso não ocorre, para que nossos conceitos se traduzam em objetividade, não há outro modo senão recorrer à única intuição de que dispõe o conhecimento: a intuição sensível.

f) A "Dialética transcendental"

Teríamos em nosso espírito conceitos que não encontram seu esquema? Esse é o tema da *Dialética transcendental*: o uso de nosso entendimento para além da referência a objetos, isto é, sem estar referido a nenhuma intuição.

---

[5] *"Não podemos pensar uma linha sem traçá-la no pensamento, nem um círculo sem desenhá-lo"*. *Crítica da razão pura* B 154.
[6] *Crítica da razão pura* A 158, B 197.
[7] *Crítica da razão pura* A 51, B 75.

Quando não nos limitamos a julgar, mas raciocinamos, concluímos juízos a partir de outros; isto é, estabelecemos silogismos: uma série de juízos, um dos quais é condição para outros. Seguindo essa linha argumentativa, que constitui a demonstração, nossa razão pretende chegar a uma última condição, ou seja, prossegue as séries de juízos até chegar a uma condição pura, uma condição absoluta, não condicionada. Nossa razão progride até estabelecer a existência de premissas incondicionadas.

E diz Kant que esse processo pode ser feito segundo três modos[8]:

1º) segundo os silogismos formados por juízos categóricos;
2º) segundo os silogismos formados por juízos hipotéticos;
3º) segundo os silogismos formados por juízos disjuntivos.

A idéia que sustenta os silogismos feitos com juízos categóricos (A é B) está na linha da categoria substância-acidente. O regresso por essa linha nos leva ao sujeito puro, primário, absolutamente radical. Chegamos assim à idéia do sujeito absoluto.

Os silogismos formados por juízos hipotéticos (se A, então B) se fundamentam numa idéia do tipo da categoria causa-efeito. O progresso por essa linha nos leva a uma causa, condição de todas as demais: a uma causa não causada ou terminativa. É o mundo como unidade e totalidade fenomênica, que compreende toda a variedade dos objetos dos quais podemos ter experiência.

Se, em vez disso, utilizamos os juízos disjuntivos (A é B ou C ou D...) e regredimos ao incondicionado em sua linha, temos a idéia procedente da categoria de totalidade: todos os objetos do pensamento em geral, a totalidade de todo o pensável. Essa é, segundo Kant, a idéia de um ser total ou perfeitíssimo.

Essas três idéias transcendentais (os ideais da razão pura) são os temas da metafísica, segundo Kant; porque:

- o sujeito absoluto é a alma;
- a causa não causada é o mundo;
- e a idéia de totalidade, do ente que é tudo, é Deus.

---

[8] Cfr. *Crítica da razão pura* A 323.

Os temas da metafísica moderna (Wolff dividia a metafísica em psicologia, cosmologia e teologia) são a redução à primordialidade das três formas de raciocinar, segundo os tipos de silogismo.

Tendo encontrado os temas da metafísica, temos que nos ocupar, agora, do valor objetivo de tais idéias. Poderão essas idéias referirem-se a algo? Estarão elas em conexão com alguma intuição, em virtude da qual possam se constituir em objetos? A resposta de Kant a essas perguntas é negativa. (Kant admite um uso lógico, regulativo, dessas idéias; mas não um uso puro, falaz, das mesmas.) Vejamos.

1) A idéia de sujeito ou alma seria objetiva, estaria em conexão com alguma intuição, se efetivamente tivéssemos alguma intuição do puro sujeito. Mas, quanto à própria subjetividade, a única intuição que poderíamos ter se daria se tivéssemos intuição de nós mesmos enquanto pensantes. E isso não é possível: o "eu penso" não tem intuição de si, porque o que se pensa é sempre um objeto, ou se pensa sempre em referência a objetos: o "eu penso", portanto, não é intuível.

É pelo menos pensável? Quanto a essa pergunta, cabe assinalar uma ambigüidade detectada por Kant. O sujeito em meu conhecimento aparece: ou bem como idéia de uma realidade substancial; ou bem como o "eu penso" em geral: sujeito transcendental. E essas duas formas de aparecer não podem ser referidas entre si, de maneira que aconteça que o "eu penso" proporcione um conteúdo intuível à idéia de sujeito real. Daí a acusação de paralogismo com que Kant objeta ao *cogito-sum* de Descartes.

A idéia de sujeito fica, portanto, como a idéia da totalidade real do "eu penso", idéia que não pode ser verificada, pois não é nenhuma intuição.

2) A idéia de mundo dá lugar a antinomias; produz uma confusão de tipo argumentativo. A base argumentativa das antinomias é a seguinte: todas as relações de causa e efeito se dão a mim segundo o tempo. A totalização, em nível de intuição, da idéia do conjunto de causas e efeitos, só seria possível se o tempo pudesse ser totalizado. Ora, isso não é possível, porque pretender totalizar o tempo é considerá-lo como finito, e isso é ir contra a intuição do tempo, que se dá a mim como não totalizável, indefinido.

A idéia de mundo, portanto, não tem possibilidade de concretização intuitiva. É absolutamente impossível a totalização temporal que a idéia de mundo requer.

3) Finalmente, a intuição à qual se deveria referir a idéia de Deus é a intuição da existência total. Só a intuição do pleno existir pode ser a referência intuitiva da idéia de ser perfeitíssimo. Não obstante, aquela existência que posso atribuir ao ser perfeitíssimo é sempre uma existência pensada; não é, de modo algum, uma existência realmente intuída: não há intuição do existir total; ou, se se quiser, o existir pleno não se dá intuitivamente.

Pensar que Deus existe é talvez algo necessário, mas não algo objetivo.

g) A imaginação transcendental

Convém finalmente perguntar: qual é a razão de que o tempo, além de ser forma da intuição, tenha um uso transcendental? A razão disso, na base do esquematismo, é o que Kant chama de imaginação transcendental, que é uma faculdade intermediária entre o entendimento e a sensibilidade.

A determinação da imaginação, sua originalidade, é ser a capacidade de reproduzir: aquilo que nos é dado no plano da sensibilidade pode ser novamente considerado, desta vez não mais como dado, mas como reproduzido.

Para que seja possível reproduzir, é mister uma produção: a imaginação é uma representação que está condicionada, submetida a elementos previamente dados pela sensibilidade; e isso é, justamente, o que lhe dá um certo caráter reduplicativo.

O que a imaginação produz implica o destacar-se, o funcionar de uma maneira pura, autônoma, do espaço e do tempo. A imaginação alcança a intuição pura do espaço e do tempo. O produzido é, por uma parte, intuitivo; mas, por outra, é puramente estrutural: porque espaço e tempo ficam reduzidos ao seu puro caráter de forma.

Dessas duas intuições, a fundamental é o tempo. De que maneira podemos dizer que o tempo pode ser considerado como estrutura? Estruturar o tempo é reter o passado, constituir um presente e adiantar um futuro. A estrutura do tempo é a integração de passado, presente e o-por-vir. Nessa estrutura, o passado fica para nós como pura precedência da presença, aquilo que fica retido junto à presença. Considerado assim, o tempo é síntese: uma unidade de diversos. A forma pura de unidade de diversos é o tempo como estrutura, aquilo a partir de que o uso do esquema é possível.

Nisto reside, como já dissemos, um certo problema dentro do conjunto da filosofia kantiana. Qual é o que domina como síntese: o eu-penso, que funda a síntese das categorias, ou a síntese do tempo, como articulação de passado-presente-futuro? Na história da filosofia, como já dissemos, a aceitação do primeiro ponto de vista é representada pelo idealismo; a fenomenologia aceitará a outra solução.

II. Crítica da Filosofia de Kant

Vimos como o tema do conhecimento é, em Kant, o tema das condições de possibilidade, transcendentais, do objeto. A metafísica, em concreto, não tem um valor constitutivo do conhecimento, mas um valor meramente de inclinação humana, de tendência natural.

Agora temos que nos perguntar: o que Kant mostrou na análise da objetividade é o conhecimento? Não será, antes, que a filosofia kantiana não é o que pretende ser, ou seja, que Kant não sabe, realmente, o que é o conhecimento?

Para responder, vamos analisar, primeiro, as distorções do pensamento epistemológico kantiano.

Teoria da sensibilidade

a) O fenômeno

Em sentido estrito, a afecção deve ser referida à impressão. Antes de a afecção ser recebida formalmente, ou ao mesmo tempo, deve ser recebida efetiva e materialmente. Dizer que a doação é pura passividade é inadmissível. Em realidade, sempre que há forma tem que haver ato; e, portanto, uma forma como pura receptividade, uma forma na qual se prescinde rotundamente de toda atividade, não tem sentido. O fenômeno kantiano é demasiado cristalizado; não é algo ativo. A interpretação kantiana da sensibilidade não leva em conta o caráter orgânico do conhecimento sensível, o qual tem lugar não a partir de uma espontaneidade completa, mas tampouco enquanto pura receptividade.

A consideração ativa do conhecimento sensível como conhecimento orgânico deve levar em conta: o caráter ativo da modificação que afeta – ou melhor, impressiona – o órgão; o órgão que é modificado; a existência de um meio circundante em íntimo contato com o órgão; e finalmente a influência desse meio no órgão, ou a existência de uma estrutura interna do órgão que possibilite a ação modificante do estímulo e do meio sobre ele. Uma teoria da sensibilidade que se atenha à realidade deve constatar o caráter ativo do meio, anterior à impressão, e o caráter ativo do conhecimento sensível, que se produz como resposta ativa à impressão, à modificação orgânica.

Portanto, o notar sensível é, contra o que pensa Kant, ativo. Se a afecção deve ser referida a um órgão, não deve ser considerada num plano transcendental. Colocar o conhecimento sensível num ponto de vista transcendental é dissecá-lo; mas só estando vivo se pode sentir.

Por outro lado, o que Kant chama de afecção remete ao que a psicologia tradicional chamou de sensíveis próprios. No plano da sensibilidade inferior tem lugar uma diversificação qualitativa. Os dados, as afecções, são qualidades na medida em que são sensíveis próprios; e, portanto, à margem de sua espacialização e temporalização. O famoso *datum* puro não é um caos, pois já tem um caráter formal em si mesmo, em seu modo de aparecer, embora coubesse conceder que não seja referente intencional do objeto. Sustento que no notar sensível aparecem diferenças qualitativas, formais, óbvias: o vermelho não é, de modo algum, o sonoro, nem o pesado, etc.

A sensibilidade é atividade vital, que pressupõe o caráter dinâmico por parte daquilo que modifica e, também, por parte do modificado; o qual, enquanto tal, tem um caráter orgânico. Exemplificando, podemos apreciar como o amarelo é o modo de agir orgânico-sensitivo em relação a uma determinada freqüência eletromagnética. Por isso, o amarelo, em sua pura notabilidade amarelante, é algo qualitativo, somente referível a uma vitalidade.

Em resumo:

1º) O termo "afecção" não deve ser englobado desde o início no plano transcendental. Em atenção a isso, é preferível o termo "impressão".

2º) Aquilo que nos é dado primariamente já tem uma certa forma. Antes do espaço e do tempo, já está formalizado, segundo formas próprias, não transitivas.

3º) No plano da própria qualificação formal dos sensíveis próprios deve-se detectar, já, a mencionada atividade.

b) O espaço e o tempo: sua consideração no nível sensível

Tal como Kant os entende, no nível do fenômeno (portanto, da sensibilidade), o espaço e o tempo estão mal interpretados. O espaço, no nível da sensibilidade, não constitui nenhum homogêneo contínuo; e o tempo, no mesmo nível, tampouco consiste numa indefinida sucessão. Nesse nível sensível, o espaço e o tempo não são únicos.

Santo Tomás diz que no nível da sensibilidade externa temos sensíveis próprios e sensíveis comuns. O espaço e o tempo são sensíveis comuns, ainda que não sejam os únicos (há, além disso, a figura, a quietude, o número...). Sem necessidade de recorrer nem ao sentido comum nem à imaginação, a sensibilidade nos mostra o espaço e o tempo, que estão distintamente modulados segundo cada um dos sentidos, segundo cada uma das faculdades sensoriais. A tese da unicidade formal do espaço e do tempo no fenômeno é falsa.

Para prová-lo, comparemos o espaço visual e o espaço táctil. O primeiro tem o sentido do aberto, da perspectiva, da profundidade. Possui uma dupla dimensão: o plano e a profundidade do volume. No tato também se pode falar de espacialidade, mas ela se dá a mim muito delimitada: é a conexão imediata entre a sensação de dureza e a espacialidade. No tato, a extensão se aproxima de um espaço abarcante e fechado. E isso porque o espaço no tato é por contato – conheço-o percorrendo-o – e na visão é por intermediação transparente.

O espaço olfativo, por sua parte, é semi-aberto, intermediário entre os dois anteriores. Permite-nos rastrear, seguir uma pista. Há nele uma referência ao visual – referência ao distante, separado – mas que, para ser alcançado, precisa ser acompanhado por uma referência constante, semelhante ao tátil.

O espaço sonoro, ou a objetivação auditiva do espaço, implica o intermediário. Quando se ouve algo se estima a distância do que se ouve;

mas esse estimar a distância do que se ouviu não é visual. Para o ouvido, o que soa é uma fonte oculta; por isso, ela mostra um espaço latente, como algo que está a ponto de ser aberto.

Por sua parte, o tempo em Kant é também único, ainda que tenha um maior âmbito de aplicação sensível, ao ser forma da sensibilidade interna. Distingue-se do espaço em sua não-simultaneidade, mas coincide com ele em que ambos são homogêneos, sempre divisíveis em divisíveis – isótropos. O simples da divisão reside em que o que resulta dela é da mesma índole do dividido (é a razão pela qual espaço e tempo não são universais).

A tese aristotélica do *motus* como sensível comum supõe que, no nível da sensibilidade, o tempo não é único, nem é isotrópico de modo algum. Efetivamente, como se tentará provar agora, no nível da sensibilidade externa há uma notícia do tempo que torna problemática a noção de tempo único.

Haverá um tempo do tato? Se nos ativermos à indicação aristotélica, dar-nos-emos conta de sua realidade. O tempo do tato é um passar, um chegar e um cessar. É um tempo com uma conotação espacial. O tato nos indica que o passar não é um transcorrer num indefinido não chegar a nada: pois no tato o passar se transmuta em chegar. O tato, ademais, é contato; isto é, se não se toca nada, não fica nenhum remanescente sensível. No tato se faz manifesto o cessar, a cessação temporal. A sensação táctil é suscetível de término, pois não conserva nenhum traço de sua própria atualidade quando seu sensível próprio não se dá (por isso é a sensação mais primitiva). A atualidade da visão continua quando não há cores, na escuridão; a atualidade da audição, quando não há ruídos, manifesta-se no silêncio. No tato não há nada parecido ao silêncio nem às trevas. Por isso, nem o tempo da audição nem o tempo da visão nos tornam manifesta a razão da cessação temporal.

A manifestação temporal da audição se dá na sucessão. A sucessão sonora é o tempo enganchado na série, a continuidade, e o fluxo, que acompanha e não se separa do som. A sucessão, que se dá a nós – em sentido estrito – na audição, é a temporalização unida ao som, o tempo como concomitante do som.

O característico do tempo da visão, à diferença do táctil e do auditivo, consiste em que é, por assim dizer, interior à visão. O tempo do tocar e do ouvir estão dados segundo o mesmo tatear e o mesmo soar. Os tempos da visão são interiores ao que se vê e isso é, precisamente, o que chamamos de durar (em seu originário sentido sensível).

Durar é aquele modo de temporalidade cujo transcorrer, em vez de ser algo total em relação àquilo que estamos visualizando, implica pontos de referência externos, dentro dos quais se dá. Uma duração é um tempo considerado em vista de algo exterior ao tempo, ou como por comparação a ele; e por isso é descontínuo.

Definitivamente, o tempo como sensível comum é muito mais qualitativo que o tempo kantiano. A exegese realizada em torno do tempo considerado como sensível comum pretende encontrar um sentido temporal formal, qualitativo, na própria sensibilidade.

Em conclusão do que se disse, o espaço e o tempo são âmbitos de notabilidade sensível que se constituem, já nos sentidos externos: como sensíveis comuns modalizados através dos sensíveis próprios de cada sentido.

c) A imaginação

Segundo Kant, a imaginação cumpre duas funções:

1^a) a reprodução, que constitui a própria imagem, que é de índole espacial; e
2^a) o uso construtivo do tempo – uso transcendental do tempo como esquema.

Para analisá-las, formularei alguns pontos de controvérsia.

1. A substancialização do espaço kantiano

Euclides, em seu primeiro postulado, diz que entre dois pontos passa sempre uma linha igual a si mesma. Kant define a linha reta como a menor distância entre dois pontos, afirmando que essa definição é uma proposição sintética: nela se unem a idéia de retidão, que é uma noção de caráter qualitativo, e a idéia de menor distância, que é noção de caráter quantitativo[9]. Essa definição é, portanto, uma síntese de noções distintas; e, entretanto, é necessária; assim, é efetivamente *a priori*.

Ora, onde está a necessidade dessa síntese? Segundo Kant, na imagem da reta, que exige o espaço. Se o sujeito não tivesse essa imagem, não saberia o que quer dizer a sua definição; ou, o que é o mesmo, a qualidade retidão e a quantidade distância só se dão a mim unidas de um modo necessário na imagem da reta. Assim, Kant afirma que há certas sínteses *a priori* cuja necessidade está no plano de sua representação.

Para Kant, o espaço da imaginação é a sede das necessidades cognoscitivas estritas. As propriedades das figuras não são propriedades empíricas, mas fundadas, propriedades necessárias que encontram seu *a priori* na própria representação. Pode-se dizer, portanto, que a geometria é a ciência do espaço, constituindo um corpo de proposições ou juízos sintéticos *a priori*, e outro corpo posterior de proposições ordenadas às anteriores; tudo isso só tem sentido na e pela representação. Há geometria – necessidade geométrica – ainda que não haja demonstração racional.

Assim, as propriedades que são descobertas nas figuras geométricas repousam no espaço, que é seu fundamento. Trata-se, definitivamente, de uma autêntica substantificação do espaço: o espaço como fundamento de propriedades (como a substância o é dos acidentes).

Há inclusive – afirma Kant – propriedades do espaço que não têm um equivalente conceitual: a mão direita e a mão esquerda são indiscerníveis do ponto de vista do conceito, mas têm uma propriedade específica na medida em que são configurações espaciais: são simétricas, e, portanto, não podem coincidir no espaço. Ora, a distinção entre as mãos direita e esquerda não é só empírica, mas tem uma certa necessidade que provém do próprio espaço, ainda que essa necessidade seja irredutível a um conceito. De um ponto de vista aristotélico, diríamos que temos um mesmo conceito, mas com duas imagens irredutíveis entre si.

Vemos então que o espaço kantiano, enquanto intuição, está substancializado, ao menos na medida em que é fundamento de propriedades irredutíveis ao próprio entendimento. O espaço é o proprietário exclusivo de uma série de propriedades suas.

---

[9] Cfr. *Crítica da razão pura* B 16.

2. O tempo vinculado ao espaço e ao conceito

O tempo kantiano funciona como regra; pode, portanto, aplicar-se ao espaço, mas não se limita a isso. O tempo, na gnosiologia de Kant, está mais vinculado ao entendimento, ao conceito, que ao espaço. E, efetivamente, é evidente que eu posso ter um conceito que não existe no espaço de modo algum. O triângulo no espaço é sempre este ou aquele, mas seu conceito vale para todos. O esquema do triângulo não é sua imagem; é aquilo por meio de que o conceito chega à imagem, mas sem se deixar fixar por ela. No tempo como esquema – como regra de construção – encontra-se, portanto, a universalidade do conceito. O tempo da imaginação se compara com o espaço segundo a representação; mas, por outro lado e como regra de traçado, abarca todos os casos possíveis unitariamente, enquanto no espaço seria preciso multiplicar infinitamente as representações.

Pelo fato de que o tempo está mais unido ao conceito que ao espaço, pode servir como esquema transcendental; não só para traçar figuras geométricas, mas também como mediador equivalente das formas de síntese que são as categorias. Assim, por exemplo, o esquema da realidade é uma certa organização temporal: a aparição no tempo; o da irrealidade, a desaparição; o esquema da substância é a continuidade no tempo; o da causalidade, a prioridade ou posterioridade temporais..., etc[10].

3. Problematicidade da interpretação kantiana

O problema que a imaginação transcendental coloca é muito complexo. De fato, Kant, ao se referir à imaginação, fala de *uma arte secreta do espírito*, como se estivesse indicando que está consciente dos muitos problemas que se colocam a partir de sua interpretação.

Mas devemos salientar que o que chamamos de interpretação substancialista (ou fundamental) do espaço comporta a renúncia à sua consideração transcendental. Dizer que o espaço é o fundamento de suas propriedades não nos faz sair de sua representação, não nos diz qual é o conhecimento intelectual relativo a ele. A pretensa consideração transcendental do espaço fica claramente suplantada, pois o fundamento da

---

[10] Cfr. *Crítica da razão pura*, em torno de A 144 e B 183.

representação espacial é, justamente, o espaço como mera representação intuitiva. Ao referir as representações imaginativas ao espaço como fundamento, Kant não sai da ordem da representação: de nenhum modo se eleva à ordem das condições de possibilidade do conhecimento intelectual do espaço. Assim, portanto, não só se ignora a sua consideração transcendental, mas se considera o espaço de um modo substancial, como fundamento das representações que se dão nele.

No que diz respeito ao tempo, tampouco sabemos como explicar seu caráter *a priori*. Qual é o modo de conhecimento a partir do qual explicamos o caráter *a priori* do tempo? Em Kant se dá uma oscilação: a aplicação do tempo ao espaço e a aplicação do tempo ao conceito – o universal e necessário – como esquema. Ora, nessa oscilação desaparece também a pretensa consideração transcendental do tempo.

4. Consideração transcendental da imaginação na filosofia aristotélica

Por isto que acabamos de dizer, a expressão kantiana da "imaginação transcendental" está por se cumprir, ainda não foi realizada. Não obstante, poderíamos levar a cabo essa tarefa? É possível uma verdadeira consideração transcendental da imaginação? Não trará isso consigo a necessidade de uma dessubstancialização do espaço e de uma reabordagem da geometria? O que acontece então com o tempo?

Para começar: a consideração transcendental da imaginação está já feita na filosofia aristotélica; a consideração transcendental do tempo também está feita no aristotelismo, mas admitindo, além da imaginação, a memória e a cogitativa. Vejamos.

5. A imaginação e a sensibilidade externa

A imaginação coincide com a sensibilidade em que é orgânica, e na medida em que é orgânica tem mais sentido falar de impressão do que de afecção. Kant não leva em conta esse caráter orgânico da imaginação. A diferença entre a imaginação e a sensibilidade externa é dada pela impressão: no caso da sensibilidade, a impressão é algo externo, vem de fora: é um agente do meio; no caso da imaginação, ao contrário, a impressão – que, falando mais tecnicamente, recebe o nome de espécie impressa – é um agente que pertence à constituição mesma do órgão: os centros dirigentes do sistema nervoso.

O ato da imaginação impressionada pela espécie impressa pressupõe que já esteja em ato a sensibilidade externa. A imaginação não é inteiramente espontânea, pois a espécie impressa da imaginação pertence à ordem da atividade da sensibilidade externa. Assim, portanto, para que a imaginação possa funcionar, é imprescindível que o sistema nervoso já esteja funcionando, o que nos remete imediatamente à sensibilidade externa: sem ato de sensação externa não pode haver espécie impressa para a imaginação.

6. A imaginação e o sentido comum

Para que seja possível considerar a sensibilidade externa como capaz de alterar a imaginação, é necessário considerá-la como ato unitário. Esse é o tema do sentido comum. O sentido comum é a consideração em ato da sensibilidade externa. O próprio do sentido comum não é objetivar nenhuma qualidade própria sua, mas o sentir mesmo: sentir as referências dos sentidos externos aos seus objetos, sentir que se sente. No nível da sensibilidade, portanto, temos como uma consciência sensível.

O sentir, que é o encargo próprio do sentido comum, é a consideração unitária da sensibilidade externa, da qual é sua raiz – *radix* – unificante e integradora.

O sentido comum implica, efetivamente, uma integração dos sentidos externos no sentir que é ato unitário: o sentir que se vê é a atualidade conhecida do ato correspondente, o ver o visto. A unidade da sensibilidade externa não se produz a partir do ponto de vista das qualidades sensíveis, mas a partir do sentir, por assim dizer, global (o que exige o sistema nervoso na medida em que integra seus terminais).

O sentido comum não é repetição do sentido externo; isto é, seu objeto terminativo não é distinto do da sensibilidade externa. Ora, o sentido comum acessa esse objeto na medida em que é pura consideração atual do ato da sensibilidade externa, à qual só acrescenta, justamente, o senti-lo sem necessidade de reiterar o objeto. O sentido comum é *radix* da sensibilidade não porque objetiva, mas porque refere a atividade orgânica a uma consideração mais radical dela, na qual é integrado o aspecto ativo de cada um dos sentidos.

Portanto, no nível da sensibilidade, vemos já a co-atualidade formal, sem a qual a objetivação é impossível. O conhecimento é sempre uma união atual de formas, isto é, acepção de forma com um grau imanente de formalização.

O sentido comum, além disso, enquanto consideração unitária, integradora dos demais sentidos no sentir, realiza uma função de graduação do sentir. Essa faculdade gradua ou tem uma função inibitória, reguladora do que se sente. O homem não sente tudo, ou, o que é igual, estamos vendo e ouvindo muitas coisas que não percebemos, mas que realmente vemos e ouvimos. Se o sentido comum deixasse de funcionar, o caos de sensações seria enorme.

Portanto, devemos assinalar que, antes da imaginação, já existe na sensibilidade uma função unificante, ativa, da sensibilidade externa (mas sem repetição do objeto).

7. Definição tomista da imaginação

Santo Tomás define a imaginação como: *"motus factus a sensu secundum actum"*[11]. A imaginação é um sentido interno que pressupõe o sentido comum. A espécie impressa da imaginação é da ordem interna à sensibilidade mesma.

Ao dizer que a imaginação é um movimento, queremos indicar que é uma continuação do caráter ativo da sensibilidade que chamamos de sentir. É uma prolongação na qual o ato de sentir se estende: porém, não como ato, mas como *motus*, pois o sentir, enquanto tal, não pode se transportar até outros níveis ou dimensões mais elevadas da vida. O sentir é algo pontual, que se desvanece na ausência de estímulo externo. A prolongação do sentir na imaginação se realiza segundo um *motus* no qual o ato de sentir vai se desvanecendo quanto mais avançamos na constituição das imagens.

Desse ponto de vista, a imaginação não é uma faculdade com um caráter unívoco em sua objetivação: há vários tipos ou graus de imagens conforme a sua maior ou menor proximidade em relação ao ato de sentir (nisso reside uma das dimensões do caráter de *motus*). A deformação ou o patológico na imaginação seria a aparição nela do sentir atual, da força do sentir. Isso é precisamente a alucinação, que aparece quando se sente o que se imagina.

---

[11] III *De anima*, lect. 6.

A imagem, em vez disso, constitui-se enquanto tal à medida que vai se afastando do sentir; a imagem é uma constituição formal progressiva ao custo da efetividade do sentir mesmo. Por isso, as imagens que estão mais perto do sentir são as menos formais e têm uma relação simplesmente reprodutiva com os objetos da sensibilidade externa. Corresponde às imagens o nome de fantasma quando não conotam quase nenhum sentir. Ao contrário, as imagens mais próximas do sentir podem ser chamadas de imagens estéticas, e são muito menos formais que as imagens fantasmais.

Portanto, a imaginação não é uma faculdade estática, mas é suscetível de desenvolvimento; e, além disso, na medida em que se desenvolve, constitui-se ela mesma como faculdade, já que, não o esqueçamos, é um *motus*. A imaginação é uma faculdade gradual, intensiva, o que não ocorreu a Kant; pois, para ele, a imaginação é uma faculdade fixa, quantitativa, métrica.

8. Aspecto orgânico da imaginação

O problema que se coloca ao dizermos isso é o de determinar qual é a organicidade da imaginação e qual é a sua atividade cognoscitiva.

A imaginação é uma faculdade orgânica. Ora, a organicidade da imaginação não pode ser a dos sentidos externos ou a do sentido comum. A imaginação não tem nada a ver com os órgãos periféricos já constituídos; é assunto unicamente do sistema nervoso central e de seus centros dirigentes. O órgão da imaginação, não obstante, não está constituído de antemão, justamente porque, se entendemos a imaginação como *motus*, o assunto da sua localização não tem um mero sentido anatômico. A imaginação é organicamente algo que se vai constituindo, que se faz; e que, portanto, não tem um órgão próprio, localizado, constituído de antemão. A imaginação se constitui organicamente, na medida em que se constituem, digamos como exemplo, circuitos neuronais; os quais não são *a priori*, não estão, de antemão, no aparelho nervoso (ou pensemos em todas as conexões cerebrais). A imaginação, portanto, tem antes uma base fisiológica; ainda que, por sua vez, esta tenha uma base anatômica. O circuito nervoso não é uma relação estímulo-resposta, mas supõe uma estabilização do tônus nervoso constante, que é o mais afastado da mera relação impressão-descarga.

A espécie impressa se constitui na medida em que a imaginação – *motus* – estabelece seu próprio órgão como circuito ou conexão neuronal, um conjunto organizado. Uma vez que a imaginação é gradual, o órgão da imaginação será uma pluralidade de circuitos e conexões, uma organização fisiológica progressiva. Em suma, o órgão da imaginação é uma estrutura nervosa, de ordem funcional, não constituída de antemão.

A chave de compreensão da imaginação reside em seu caráter de ser a mais formal das faculdades orgânicas: e é mais formal, além disso, à medida que é mais fantasmal.

9. A memória e a cogitativa ou estimativa natural

Para terminar de considerar a imaginação, temos que estudar a memória e a cogitativa, que não são faculdades formais, mas intencionais: o que objetivam não tem razão de apresentação ou representação, mas somente de intenção. Porém, ambas se distinguem, ademais, em que as intenções da cogitativa são *insensatae* e as da memória, ao contrário, são *sensatae*.

A memória é uma faculdade cujo objeto é o passado enquanto passado; o que, em si mesmo, não é nenhuma forma: por isso é uma faculdade intencional. O passado enquanto passado não é totalmente não-sensível. O passado *qua talis* não é o objeto da imaginação, mas o ato da imaginação exercido, que se converte assim em objeto intencional da memória. A recordação não versa sobre nenhum conteúdo imaginado, mas sobre o ato da imaginação exercido, que aparece como o termo intencional da memória. A memória, propriamente falando, não tem conteúdo representado. O fato de que a memória se estenda ao objeto do ato passado é conseqüência da conjunção de memória e imaginação na operação de evocar.

Portanto, aparecem dois aspectos no funcionamento da memória: um aspecto próprio da memória, como vimos, e outro concomitante que pertence à operação do ato que foi recordado, da imaginação. Ou, dizendo de outro modo: a memória pode fazer funcionar a imaginação com respeito ao passado, porque sua missão é atualizar o ato da imaginação. Isso significa que, em condições normais, a memória recorda e, ao recordar, evoca, o que já é uma operação na qual a imaginação também intervém. A maneira como se revitaliza a imaginação, que é a faculdade sensível mais formal, é através da memória.

Estritamente falando, a memória só funciona no homem. Nos animais não há reconhecimento do passado enquanto passado, porque isso é uma inversão da corrente da sensibilidade, que, como toda a vitalidade orgânica, vai do antes ao depois. Captar a razão mesma do pretérito não é algo ao alcance do animal, ainda que ele possa reconhecer imagens e percepções.

Precisamente porque a memória é intencional em relação ao passado, as formas imaginadas no passado são trazidas ao presente, são reatualizadas. Desse modo, são possíveis integrações formais superiores à capacidade de formalizar própria da fantasia. Assim, através da memória, consegue-se uma hiperformalização da imaginação: a imaginação é mais formal através da reatualização intencional de seu ato e da conseqüente evocação do objeto desse ato.

Com as intenções *sensatae*, objeto da memória, não terminamos de estudar a sensibilidade interna: ainda resta o plano das intenções *insensatae*: intenções, dados, notícias sensíveis, que de maneira nenhuma estavam explícitos na sensibilidade, que nunca foram sentidos antes. Essas intenções são próprias da cogitativa, também chamada de estimativa natural – no caso dos animais.

É evidente que essas intenções só podem ingressar no conhecimento mediante uma relação com o já conhecido; nunca são, portanto, o termo de uma autêntica objetivação no plano da sensibilidade, que as tome separadamente. Só podem ser sentidas por *collatio*, por comparação, com algo que foi sentido ou está sendo sentido. A *collatio* é, no nível da sensibilidade, um certo juízo ou comparação.

Essas intenções afetam os dados sensíveis acrescentando-lhes uma determinação nova que, de modo algum, pode se encontrar formalizada na sensibilidade enquanto tal; mas que vem de fora até do sistema nervoso. Essa imprevisibilidade mostra claramente uma característica das intenções *insensatae*: são conhecidas, mediante *collatio*, fazendo referência, em concreto, a algo futuro. Esses pressentimentos têm a ver com uma tendência, porque a sensibilidade, enquanto tal, só pode se abrir ao futuro através das tendências.

O exemplo apresentado por Santo Tomás torna tudo isso patente: que o cordeiro seja conhecido intencionalmente como amamentável pela ovelha é uma *collatio* para ela. Não é algo que lhe venha do conhecimento sensível, mas resulta da comparação da imagem do cordeiro e de algo exterior ao conhecimento: sua própria situação orgânica de recém-parturiente. Que o cordeiro seja amamentável só se capta em vista de uma tendência da ovelha que desencadeia um modelo de conduta que a ovelha vai seguir em suas relações com o cordeiro.

No caso do homem, a *collatio* aponta para um termo que supera o interesse do organismo: aquilo que aparece comparativamente não é da ordem da tendência, da integração última da vida animal, mas é a referência da sensibilidade a um plano ulterior; ao alcançá-lo, a *collatio* se estabelece de maneira absoluta, com o valor de juízo particular e tendo a ver com a inteligência. Na cogitativa se dá a referência do dado sensível a uma instância independente do variável estado orgânico, que é a realidade; nessa referência se dá o estabelecimento puro e simples do dado sensível em forma de juízo particular, que caberia expressar assim: isto é (como um certo juízo particular que versa sobre o dado sensível). O juízo da cogitativa simplesmente estabelece o sentido, referindo-o à instância absoluta que é a realidade, à qual ela mesma se refere como algo não sentido.

Portanto, em suma, a cogitativa humana faz algo mais do que estimar o dado sensível: refere-o comparativamente – por *collatio*, diríamos – a uma instância que não é relativa de nenhum ponto de vista orgânico: a realidade.

d) O espaço e o tempo da imaginação

Quero expor agora algumas proposições para submeter a uma crítica as noções kantianas de espaço e tempo.

1. O espaço

1.1. O espaço e as figuras geométricas

Em Kant, o tema do espaço está tratado em função do problema da fundamentação da geometria. Kant procede mal quando substantifica o espaço, o que, como já dissemos ao falar do fenômeno, destrói o ponto de vista transcendental. Ademais, não é preciso substantificar o espaço para entendê-lo, no nível da imaginação, como um *a priori*.

O espaço, visto desde a imaginação, é, por assim dizer, um fundo que se produz pelo caráter de *motus* da fantasia. Portanto, definitivamente, não é uma determinação, não tem caráter formal; antes, é o rastro que deixa o movimento de formalização imaginativa segundo uma projeção indefinida.

As determinações do espaço ou propriedades das figuras geométricas – e até mesmo o seu traçado – em vez de pressuporem o espaço, estão, antes, entranhadas nele, como algo do qual se destacam. Com efeito, o espaço é um fundo, mas as figuras, em vez de participarem da mesma índole desse fundo, destacam-se dele. Vale dizer que, por outro lado, o espaço kantiano é como um fundo de provisão, uma conta corrente da qual se faz saques para construir as figuras, e nelas ele se atualiza.

Ora, a imaginação não tem nenhum sentido de provisão, o espaço não é um depósito do qual se possam tirar as figuras. A imaginação é um processo de formalização, e o espaço é o indefinido que aparece entre os vários níveis dessa formalização. O espaço não é um fundo no qual se dispõem as figuras, porque elas se constituem destacando-se dele. A referência da figura ao indeterminado se dá sempre, mas não é constitutiva para a figura mesma, pois a figura não procede do espaço, mas se separa dele. Esse destacar-se, conforme dissemos, é incompleto, pois a formalização é gradual, segundo um *motus*; e, portanto, não se pode evitar a companhia do fundo; a referência ao fundo não se daria, entretanto, se a formalização fosse completa. As figuras lançam de si o espaço, mas não totalmente, pois ficam referidas a ele como fundo.

1.2. A circunferência

Essa precisão nos conduz ao problema da suficiência das construções geométricas.

Há, pelo menos, uma figura que se caracteriza por ser completamente diferente do espaço, e por ter uma máxima formalização: esta figura é a circunferência. A figura, por excelência, no plano geométrico, é a circunferência; pois nela a referência ao fundo está quase anulada. A circunferência se distingue das outras figuras pelo fato de carecer de posição relativa; sua posição é absoluta, sem necessidade, inclusive, de referência a uma construção ou um esquema temporal: podemos intuir imaginativamente a circunferência, sem recorrer à sua construção. O conceito de igualdade na curvatura não necessita de uma referência à construção. O fato de que carece de posição relativa permite dizer, inclusive, que, como figura, ela tem além disso um caráter universal, que se mostra, sobretudo, no fato de ser a representação universal de todos os triângulos possíveis.

A circunferência, em seu caráter de posicionalidade absoluta, não faz referência ao espaço, mas à consciência; por isso podemos dizer que é a representação imaginativa de um ato de atenção consciente[12].

No caso da circunferência não tem razão de ser o esquema, pois o universal da circunferência pertence à sua representação mesma. A circunferência, enquanto figura, não faz referência, constitutivamente, ao espaço (só de um modo consecutivo está vinculada a ele), pois é a figura imaginável que está diretamente vinculada à consciência. Ela carece de esquema *a priori*, pois o movimento de sua construção é só uma de suas propriedades[13]; mas, por outra parte, cumpre as funções do esquema transcendental do triângulo, pois é a regra para construir todos os triângulos possíveis. O esquematismo como regra de desenho falha nessa ocasião.

1.3. Possibilidade de representar projetivamente a linha reta

Como vimos anteriormente, Kant pretende mostrar o caráter sintético *a priori* do espaço na imagem da reta como síntese quantitativo-qualitativa, demonstrando assim que as propriedades das figuras são sínteses *a priori* fundamentadas no espaço.

Ora, pode-se colocar o seguinte problema: estaria suficientemente garantida a possibilidade de representação da retidão com a noção de distância menor entre dois pontos? No plano da imaginação, temos outra possibilidade de representar-nos a retidão, segundo uma definição que já Platão forneceu e que a geometria projetiva assumiu como sua: a linha

---

[12] É a tese de Roberto Saumells em *La geometría euclídea como teoría del conocimiento* (Rialp, Madri 1970). Sobre a geometria projetiva, a noção física de campo, a validade científica do éter e outros assuntos de Polo que se ocupa em seguida, Saumells havia tratado também em *La ciencia y el ideal metódico* (Rialp, Madri 1958). Cabe acrescentar a essas obras os seus *Fundamentos de matemática y de física* (Rialp, Madri 1961). [Nota do editor Juan A. García González.]

[13] Polo faz referência ao *teorema da potência de um ponto*, uma propriedade da circunferência da qual o centro, sobre o qual se apóia o compasso ao traçá-la, é só um caso. [Nota do editor Juan A. García González.]

reta é a linha que, olhada numa certa perspectiva – em escorço, de perfil – reduz-se a um ponto. Essa sim é uma autêntica definição representativa da qualidade da retidão.

O ponto é uma representação espacial ou, ao contrário, não o é? Indubitavelmente, o ponto é, como dirá Hegel, a negação da indeterminação do espaço. O ponto é, como a circunferência, o correlato imaginativo de uma unidade atencional: o indivisível da atenção no plano da imaginação.

A definição de linha reta que obtemos a partir dessa observação platônica é inteiramente qualitativa; é uma definição da retidão que não inclui a noção de distância, pois o ponto não é nenhuma determinação quantitativa. Portanto, é uma definição da retidão que não se fundamenta no espaço.

1.4. A orientação da linha reta a uma consciência perspectivada

Mais ainda. Do ponto de vista euclidiano, a linha reta está sempre orientada (é oblíqua, perpendicular... etc.); isto é, a reta permite um feixe de retas. Ora, o que supõe o fato de que as retas estejam sempre orientadas? O caráter orientado da reta, fundamento da angularidade, refere a representação da reta a um suposto observador, isto é, ao caráter corpóreo da própria consciência. Se a consciência não estivesse em relação com um corpo, se eu não tivesse corpo, as retas, em sua representação, não estariam orientadas; em outras palavras, a orientação da reta imaginada não deve ser referida a um espaço prévio, *a priori*, mas à minha corporalidade, que é sempre uma perspectivação da consciência.

É perfeitamente possível construir uma geometria sem angularidade: o espaço que resulta nela é o chamado espaço afim, no qual somente se aproveitam o 1°, o 2° e o 5° postulados da geometria de Euclides. Essa geometria alternativa, que pretende prescindir, representativamente, da angularidade, abandona também o caráter perspectivante da imaginação enquanto pertencente a uma consciência encarnada.

Assinalemos, além disso, as tentativas de constituir uma geometria absolutamente axiomática, sem representação ou referência alguma à intuição. Essa é a pretensão, por exemplo, de Hilbert, que tenta obter uma geometria puramente formal, em que se definem alguns elementos sem nenhuma referência ao espaço, definindo também as relações entre esses elementos.

1.5. Teoremas geométricos com demonstração exclusivamente formal

Isso aponta para outra observação importante que deve ser feita a esse respeito: há teoremas geométricos que não podem ser demonstrados na ordem de sua própria representação; só estabelecendo de uma maneira formal, no plano conceitual, a sua demonstração, esta se alcança plenamente. Ora, se estabelecemos de uma maneira formal a demonstração de um teorema geométrico, estamos prescindindo do espaço. Esse é o caso do teorema de Desargues, o qual, numa ordem estritamente formal, e por enquanto somente nela, fica demonstrado.

Isso quer dizer que podemos construir uma geometria numa ordem abstrata, sem necessidade de recorrer ou apelar a uma representação imaginativa do espaço; e que, depois, concedendo um valor intuitivo a essa doutrina e a cada um de seus elementos e relações entre eles, podemos passar à representação imaginativa.

Isso demonstra que o espaço não possui nenhum valor *a priori* na geometria, o que implica, também paralelamente, que o tempo não faz falta como esquema.

1.6. A geometria topológica

Como dissemos anteriormente, nossa imaginação, enquanto *motus*, pode estar mais ou menos próxima do sentido. As imagens, em última instância, mantendo uma referência ao que se sente, são sempre proporcionais. As imagens são relações que não têm tamanho, precisão (de um ponto de vista quantitativo), que não podem ser fixadas determinadamente de antemão. Uma imagem que é pura *proportio* é uma virtualidade da qual pode ser obtida uma abstração, mas nada mais: a imagem da mesa vale para todas as mesas, porém, não é propriamente nenhuma, mas proporcional em relação a todas.

Ora, no plano formal há uma geometria que apanha esse caráter proporcional e quase abstrato da imaginação: a geometria topológica. A topologia é uma geometria construída não a partir da noção de distância, mas a partir da noção de entorno, que é a interpretação em termos de *proportio* da distância: certa formalização que não precisa converter-se numa distância fixa.

Isso é imaginável, ainda que Kant não o imaginasse. E o característico desse espaço topológico é que os pontos não determinam nada prévio; só estabelecem um entorno, entendido como uma relação que não se fixa a partir do espaço. A noção de entorno permite as comparações (proporcionais) entre entornos: não há relações métricas, mas de pura correspondência.

1.7. Noção física de campo

A última observação que quero fazer a propósito desse tema é dada pela física: é a noção de campo. No fim do século XIX se acrescentou ao campo gravitacional o eletromagnético, colocando-se, por sua vez, um importante problema de unificação de campos. De certa maneira, parece-me, são assuntos paralelos.

O campo gravitacional pode ser entendido como um vazio entre dois cheios, entre duas massas; esse campo admite a ação à distância, porque o intervalo entre as massas gravitacionais se entende como vazio. O campo eletromagnético é um cheio entre dois vazios; e é temporal, pois implica algumas configurações que se estabelecem segundo uma certa sucessão. Nesses casos, o campo não pressupõe um espaço intuível, mas é configurador.

Tudo isso se complicou ainda mais quando, como conseqüência de alguns fatores surgidos com o descobrimento do campo eletromagnético, foi colocado o problema do éter, que era a maneira de dar uma realidade física ao espaço. Segundo a velha teoria, o campo eletromagnético seria uma configuração do éter, e uma onda, por conseguinte, uma modificação do éter mesmo. Ora, de acordo com os experimentos de Michelson, cabe excluir a existência do éter. Do experimento de Michelson resultou que a velocidade da luz é constante, que não depende da translação dos corpos: a luz não se propaga no éter.

A prioridade que a física pretendeu dar ao espaço com relação às configurações do espaço mesmo, que ainda perdura na idéia de éter, não se pode sustentar. Em última instância, o espaço físico não antecede os efeitos físicos, mas é uma configuração que deriva deles.

1.8. Conclusão

Como conclusão de toda esta série de observações, devo dizer que, tanto do ponto de vista geométrico (conservando, não obstante, a possibilidade da representação, embora de um modo distinto daquele indicado por Kant), quanto do ponto de vista físico, cabe descartar a idéia kantiana do caráter *a priori* do espaço.

Hoje, em vez disso, consideramos o espaço físico de um modo geodésico, como constituído por uma configuração qualitativa.

2. O tempo

2.1. O tempo como esquema transcendental

O tempo, para Kant, é o esquema transcendental, a vinculação mesma do conceito e da representação. É universal, mas como uma forma que constrói seu conteúdo além de todo o empírico. Kant, definitivamente, considera o tempo, em sua natureza própria, como uma função da imaginação transcendental; mas vinculada também às categorias, pois se faz portador da unidade da categoria, à qual transporta até o plano representativo.

A respeito do tempo, havíamos dito que é um sensível comum que aparece na sensibilidade externa de uma maneira múltipla, qualitativamente múltipla. Por outro lado, para Kant, em último termo, o tempo, do mesmo modo que o espaço, é único (Kant, evidentemente, adere a uma das possibilidades de entender e representar o tempo: a de Newton).

Ora, do ponto de vista da psicologia tomista, cabe dizer antes de tudo que o tempo não pertence propriamente à imaginação, mas à memória e à cogitativa. Sem o exercício da memória (conhecimento intencional do passado) e sem o da cogitativa (prospecção do futuro), o tempo, inclusive o da imaginação, não pode se constituir totalmente.

Portanto, a noção kantiana do tempo e a tomista diferem. Não são, porém, as únicas concepções de tempo que se deram ao longo da história humana.

2.2. Noção epocal do tempo

A noção primitiva do tempo é a de *khrónos* – interpretação cósmica – ou *aión* – interpretação anímica.

O homem começou a considerar o tempo no sentido daquilo que hoje chamaríamos de época (tirando-lhe o sentido histórico). No dia, no ano, há diferentes épocas. O tempo aparece como sucessão de períodos caracterizados pelos acontecimentos que os marcam, referíveis tanto aos fenômenos cósmicos quanto aos interesses humanos.

A interpretação do tempo que chamamos de anímica considera-o como conjunto de épocas reunidas pelo próprio viver. A totalidade do tempo vital é a sucessão de épocas, cada uma das quais é um renascer que deriva da época anterior. O *aión* se transforma em eternidade quando o eixo das épocas é a juventude, quando esta é a época por excelência. Só há eternidade se as épocas sucessivas são as épocas de juventude. A juventude perene é a juventude renascente: é, definitivamente, a eternidade – perpétua imaturidade.

O tempo cósmico, em contraste, é um tempo circular: o eterno retorno do mesmo, as mesmas épocas, num repetido fazer-se e desfazer-se.

A esta concepção epocal do tempo, mais que primitiva, seria conveniente chamá-la de pré-científica: vigora nela a referência temporal de nosso próprio viver em seu caráter de situado num mundo. De todo modo, tampouco se trata de uma concepção unitária.

Os gregos tendiam a uma consideração fechada das épocas. As épocas não se sucedem independente ou casualmente, mas se constituem de modo a ser possível reconstruir uma genealogia ôntica de épocas. Os modernos, em contraste, consideram as diferentes épocas a partir do futuro, conforme aquilo que nelas se gesta. As épocas, de acordo com essa concepção, não são fechadas, e sim abertas a algo que se espera. O messianismo implica essa concepção do tempo.

2.3. A imobilidade, e o tempo adscrito à noção de pura mudança

Aparece depois, na história, outra noção da temporalidade, que não se explica em seu surgimento senão como consequência de um deslocamento da primeira concepção. Há um momento no qual o universo se totaliza como algo imóvel, gravitando em si mesmo, que aparece diante da atenção do homem; já não há épocas, somente presença atual. Isto ocorre na Grécia por volta do século VII ou VI antes de Cristo, e também no pensamento hindu. O universo não é mais uma consideração de ciclos ônticos, mas passa a ser entendido a partir do ponto de vista da imutabilidade, como algo estável, unitariamente captável pelo *nous*: ontológico.

Quando surge essa idéia de unidade como quietude, o tempo – que é algo ligado à mudança – aparece como inconsistência, inquietude. Fazendo uma abstração nesta linha, pode-se chegar à noção de pura mudança, a mudança mais rápida de todas, a instabilidade completa, a pura substituição instantânea. Essa noção se entende por contraste com o universo total, imóvel, não sulcado por nenhum estremecimento: uma massa quieta.

Esta última noção do tempo é uma noção limite (ontologicamente falando), por constituir uma tentativa de pensar o que caracteriza a mudança enquanto tal. Para que isto fosse nocionável, em sentido estrito, teríamos de excluir tudo o que muda, ficando exclusivamente com o mudar, o puro e estrito não estar fixo. Essa noção de tempo é um dos elementos que Platão leva em conta no *Timeu*, ligado estreitamente à noção de caos.

2.4. O tempo absoluto

Finalmente, surge a noção de tempo como o abarcante, o continente – o geral – de todas as mudanças e variações: é o tempo absoluto, o absolutamente indefinido, a geral possibilidade de todas as mudanças e também a da manutenção diante delas. Nesse tempo absoluto se dão todos os tempos relativos, as mudanças, as permanências, as durações. O tempo tende, assim, a se tornar isomorfo ao espaço, assimilando-se a ele, ao ser entendido como um receptáculo de acontecimentos.

Essa noção de tempo vem a ser uma consideração geral da temporalidade, porque todas as mudanças e todas as permanências se referem a ele como o seu abarcante, que, por ser mais amplo, permite que elas se inscrevam nele. Em suma, essa concepção da temporalidade apresenta um aspecto bifronte: um tempo absoluto no qual se inserem os diversos tempos relativos, originados pelas mudanças, os quais, por sua vez, supõem a noção de quietude, já que a mudança impede a permanência.

Vamos fazer uma consideração para estabelecer até que ponto esse conceito de tempo (que aparece na mecânica de Newton e é retomado por Kant) é impreciso e pouco rigoroso. Ela está centrada na superposição implicada entre o tempo anímico e esse tempo objetivo. Para tanto, precisaremos recorrer a uma análise do princípio de inércia.

2.5. Superposição do tempo anímico e do tempo objetivo: estudo do princípio de inércia

O princípio de inércia afirma que, se não houver influxo externo, um corpo permanece indefinidamente em repouso ou em movimento retilíneo e uniforme.

Ora, qual é a diferença entre o movimento retilíneo e uniforme indefinido e o repouso? A rigor, só existe uma diferença de ponto de vista, mas não intrínseca ao corpo que se move ou está em repouso. O repouso e o movimento uniforme do princípio de inércia são indiscerníveis no plano de consideração do próprio tempo.

No estado de repouso, o tempo passa sem afetar em nada aquilo que está em repouso. Definitivamente, o único tempo que transcorre aí é o tempo da atenção, o tempo de quem considera o repouso, já que a consideração temporal do repouso só pode ser feita segundo o tempo do considerante. Que acontece no movimento uniforme e indefinido? À diferença do que se dá no repouso, o móvel percorre sua trajetória associado ao tempo: quando dizemos que o passar do tempo está associado ao móvel, temos esse tipo de movimento. Mas, analisando-o detidamente, e comparando-o com o anterior, podemos nos dar conta de que eles são apenas dois pontos de vista a respeito de um mesmo tempo; e a partir desse ponto de vista, além disso, os dois são iguais. No caso do repouso, o tempo está passando – o tempo da consciência que considera o móvel – e é fixo, porque não está associado ao passar; no outro caso, o tempo passa exatamente do mesmo modo, mas a fixidez, atribuída ao móvel durante o repouso, foi retirada, na medida em que equivale ao fluxo do tempo. A diferença repouso-movimento, a partir do próprio tempo, não significa nada. Deste ponto de vista, o tempo se torna uma coisa assombrosamente tediosa, um simples passar, uniforme, ao qual algo pode se associar (movimento uniforme) ou não (repouso).

Em realidade, no entanto, podemos observar uma série de movimentos que não são sempre iguais, inerciais; são movimentos que estão na corrente do tempo, mas não estritamente ajustados ao transcorrer de um tempo imperturbável. Dizemos que um movimento cessa quando, por assim dizer, ele se desligou do tempo. O cessar do movimento apela à noção de instante; que é, justamente, o que separa o movimento, enquanto associado ao tempo, do repouso.

Podemos então indagar: o instante é temporal ou não? Como é possível que instantes tenham lugar no tempo? Por outro lado, além disso, se não há instantes no tempo, os movimentos não podem ser distinguidos. Os movimentos se ajustam ao tempo, mas também se desajustam dele, e aí aparece o que chamamos de instante. O instante, portanto, é necessário para se poder dizer que algo realmente aconteceu, que algo ocorreu na realidade: para se poder dizer, afinal, que o movimento tem *télos* – fim. Aristóteles afastou o princípio de inércia justamente por isto: o movimento uniforme e indefinido não tem *télos*.

Por outro lado, o instante nos permite dizer: antes, durante e depois desse instante. O instante divide o tempo – embora não o articule – resultando que o estritamente presente seja ele, que além disso não dura. Voltemos ao repouso e observemos que o que está em repouso, quieto enquanto passa o tempo, está presente durando, embora a passagem do tempo não o afete em nada. Ora, não ocorreria que esse tempo – esse durar – nada seja senão o fluir de nossa própria consciência, em nada diferente do outro tempo? Para que a duração fosse algo próprio daquilo que está em repouso, ela deveria ser interna; mas a duração interna carece totalmente de sentido frente àquilo que, durando, está em repouso. A quietude ontológica não é duração. E, inversamente, o tempo geral não equivale à "inquietude" ontológica, ao dinamismo.

Para falar de um tempo que não seja o fluxo inalterado de uma consciência, teríamos de afirmar que as coisas duram enquanto vencem o tempo; mas isto não pode se realizar com uma total ausência de movimento. Que algo dure significa que isso realiza uma atividade mais intensa que o tempo e, na medida em que a exerce, alcança, durando, um termo. As coisas, no entanto, não conseguem, a rigor, durar para sempre: sua vitória sobre o tempo nunca é completa, cessando em sua duração quando decai sua relativa superioridade sobre o tempo, sua atividade.

A rigor, a idéia de um tempo absoluto – um tempo de todos os tempos – não se sustenta. O tempo como fluxo, a respeito do qual podemos estabelecer um repouso ou uma associação ao movimento, é, simplesmente, o tempo da consciência. Esse tempo se distingue do tempo da realidade: é um tempo pensado; e é, precisamente, pensável, porque é um tempo que deve ser atribuído à consciência. Este tempo de nenhum modo é válido em termos de tempo físico absoluto.

Assim, temos uma consciência capaz de temporalizar na mesma medida em que é unitária. Kant aborda mal o tema do tempo, porque onde o tempo homogêneo realmente se dá é, como dissemos, na consciência; e não, primariamente, na sensibilidade, nem na imaginação. O que ocorre à consciência é que o pensado não se ajusta, exatamente, à sua própria temporalidade: as coisas aparecem diante dela providas de sua própria duração, assaltando o fluxo tranqüilo do tempo da consciência, por serem efetivamente reais. As coisas possuem seu próprio dinamismo, o qual coloca numerosos problemas e conflitos a respeito do transcorrer do tempo de nossa consciência.

Resumindo: o fluir constante de nossa consciência é o único tempo do qual dispomos um esquema homogêneo e geral (o tempo do relógio). A respeito dele, as coisas em seu próprio dinamismo real, e até nosso próprio psiquismo, supõem irrupções conflitivas frente à sua imperturbabilidade. Poder-se-ia dizer, assim, que tal tempo é *a priori*? Sim e não.

O tempo, a partir de uma consideração transcendental, é o tempo da consciência, dominado pelo caráter constante e unitário dela. Esse tempo, que é *a priori*, não pode ser usado em qualquer caso transcendentalmente, como esquema, enquanto as coisas, e até nossas vivências internas, não se ajustam ao nosso tempo consciencial. Os objetos, em contraste, enquanto realmente sentimos, apresentam-se a nós como atuais, com sua própria forma irredutível à forma constante de nossa temporalidade consciente. Com essa distinção, diga-se de passagem, as antinomias kantianas desaparecem, já que era o tempo o que tornava inviável a idéia de mundo.

2.6. Conclusão

Agora já podemos dirigir ao tempo kantiano as seguintes observações:

1º o tempo kantiano é uma versão especial da consideração, ou modo de compreender o tempo, como generalidade.

2º Essa versão especial foi mal abordada: o tempo sobre o qual Kant fala é um tempo consciente, mas de maneira nenhuma, é um tempo adscrito *a priori* à imaginação.

3º Isto permite dizer que esse tempo é *a priori*, mas não formal relativamente a qualquer objeto: é geral, mas não transcendental.

4º o estudo do tempo humano não pode de maneira nenhuma ser considerado esgotado com a consideração *a priori* do tempo generalizado.

Com essas observações já podemos concluir que é necessário negar a legitimidade transcendental do ponto de vista kantiano sobre o tempo. Além disso, interessa especialmente à teoria do conhecimento assinalar que o tempo ultrapassa o modo como Kant o entendeu. Em particular, o tempo, para o homem, implica sempre um presente. Um tempo sem presente é algo, a todo momento, alheio ao pensamento. Na definição aristotélica (*o tempo é a medida do movimento segundo o antes e o depois*)[14], o presente não aparece, por ser justamente o que caracteriza a mente humana, que intercala o presente no tempo das coisas, as quais, de seu, só têm o antes e o depois. A inclusão do presente no tempo é um tema que aqui nos limitamos a apenas insinuar[15].

CONSIDERAÇÃO TRANSCENDENTAL DAS CATEGORIAS

Cabe agora formular algumas considerações sobre a analítica transcendental kantiana. Cuidaremos disso a seguir.

a) Constituição da objetividade

1. A categoria como condição do objeto e sua pensabilidade

O pensar, segundo Kant, é uma função unificadora, que em sua referência aos objetos – mediante esquemas – é plural. As categorias, que são plurais, são as funções unitárias formais que se aplicam a um conteúdo fenomênico mediante uma regra dinâmica – a estruturação do tempo. As categorias têm um valor transcendental na medida em que por meio delas o objeto se constitui como pensável: as condições de possibilidade do objeto são as condições de sua pensabilidade. Elas têm, portanto, um valor transcendental estrito, por proporcionarem, justamente, a pensabilidade do objeto. Como já dissemos, Kant faz com

---

[14] *Física* IV, XI, 220 a 24-5.
[15] A noção de "presença mental" é característica do filosofema central do pensamento de Polo: o *limite mental* humano.

que as condições de possibilidade da experiência sejam equivalentes às condições de possibilidade do objeto da experiência.

2. A dedução transcendental das categorias

Para assegurar seu propósito, Kant realizará a *Dedução transcendental das categorias*, profundamente remodelada na segunda edição da *Crítica da Razão Pura*. Com essa dedução, Kant pretende mostrar a necessidade das categorias a partir de um princípio.

Como é possível referir as categorias a um ponto de vista ainda mais transcendental? Essa tarefa pode ser levada a cabo se as categorias forem referidas a uma unidade mais radical, primária, verdadeiramente apriorística, do entendimento. A dedução é, em última análise, a busca de uma unidade radical sintética do entendimento, que não seja plural como as próprias categorias. As categorias se convertem assim numa analítica – certas modulações contraentes – dessa unidade transcendental primária.

Kant crê ter encontrado essa unidade básica, e acredita, além disso, que pode levar a cabo a demonstração de que as categorias são modalidades dessa unidade radical, a qual Kant denomina de várias maneiras: o "eu penso" tomado em geral, a unidade da percepção, ou o sujeito transcendental. Em última análise, a partir do ponto de vista kantiano, um pode-se dizer que um objeto é pensado enquanto, relativamente a ele, um sujeito se destaca e se mantém unitariamente. Para Kant, não há objeto pensado se não houver sujeito pensante.

Um objeto pensado em completo isolamento, uma ordem de pensamentos puramente objetivos, para Kant, é impossível. Isto é justamente o que se dá na sensibilidade: a respeito do fenômeno, o sujeito não pode se destacar. Antes do pensamento do objeto, mediante a intervenção das categorias, o sujeito não se estabelece enquanto tal. Definitivamente, para que o objeto se constitua como tal é mister que esteja vigente o "eu penso". No fundo, insinua-se a estrutura sujeito-objetualista.

Por esta razão o fenômeno e a imagem não são propriamente objetos; essas dimensões do conhecimento, nas quais a objetividade ainda não se constituiu enquanto tal, são as mais subjetivas, já que, relativamente a elas, o sujeito não chega a ser, e se confunde, se mistura com o dado. A garantia do "eu penso" é a garantia do caráter transcendental das categorias.

Para Santo Tomás, o reconhecimento do "eu penso" se dá de maneira consectária – *cogito me, cogitare rem*. A consciência é, diante de tudo, concomitante. A consciência está efetivamente acompanhando todo conhecimento intelectual, mas sem se destacar do objeto do conhecimento de um modo formal e abarcante. Para Kant, o "eu penso" não é consectário, e sim perfeitamente atual relativamente ao objeto. O "eu penso" é a radicalidade última da transcendentalidade; e, portanto, é a garantia da necessidade do objeto, a garantia última da constância e da constituição pensável da objetividade. O "eu penso" é o garante do caráter necessário de nossas objetivações; o que Kant afirma a fim de tomar posição diante de Hume e de todo tipo de ceticismo psicologista.

Se nos ativermos à dedução kantiana das categorias, ainda poderemos perguntar a Kant duas coisas.

Em primeiro lugar, por que se aplica em cada caso uma categoria e não outra? O "eu penso" não é razão para o uso distributivo das categorias. A dedução das categorias não é suficiente para o propósito transcendental, já que a aprioridade do sujeito não é igual à aprioridade atributiva das leis da natureza. Falta aí o esquematismo.

Em segundo lugar, o "eu penso" é analítico ou sintético? O "eu penso", enquanto unidade última das categorias, tem de ser sintético; mas, por outro lado, ele só pode ser princípio de dedução, correlato da espontaneidade do sujeito, se for analítico relativamente àquelas. Evidentemente, dá-se aqui uma ambigüidade, na qual se oculta uma averiguação mais precisa acerca da consciência: o eu é idêntico à consciência? o eu se reduz à atualidade da consciência?

3. Problemática do objeto kantiano, e sua revisão no *Opus postumum*

A rigor, o fenômeno não fica entendido pelo fato de ser subsumido na categoria: com tal síntese não se dá uma autêntica intelecção do fenômeno. Apesar de todos os esforços de unificação, o objeto kantiano está cindido, e isso significa que, em realidade, não é algo intelectivo. A categoria nunca chega a ser intrínseca ao conteúdo. Subsumir as intuições em conceitos de maneira nenhuma é o mesmo que converter intuições em conceitos.

A abstração noética está completamente ausente do construtivismo de Kant; o autêntico laço entre a intuição e a categoria continua, enfim, sem solução. O objeto kantiano é uma construção teórica, mas de modo nenhum é uma autêntica união (*intellectus in actu et intellectum in actu sunt unum*[16]). Tudo parece indicar que o objeto kantiano não é uma autêntica intelecção do fenômeno.

Por isso Kant, no *Opus postumum*, aborda o assunto de maneira diferente. O problema do objeto se torna agora o problema da objetivação do sujeito: quando o sujeito se faz objeto, misturam-se o ponto de vista da forma e o do conteúdo. O conteúdo não é inteiramente correspondente a uma passividade, e sim algo que o sujeito se dá a si mesmo. Como se vê, a herança dogmática de Kant vai se fazendo mais e mais prevalecente à medida que ele se torna mais velho. Por outro lado, é preciso levar em conta, como favorecedora dessa nova perspectiva, a publicação da *Teoria da ciência*, de Fichte, e o advento do moderno idealismo.

4. A *Crítica da razão pura*: teoria construtivista do objeto

A respeito do problema das categorias, devemos insistir ainda num ponto. Para que o ponto de vista transcendental fosse suficiente, seria preciso que nos fizesse ver como entendemos, no que consiste estritamente o entender. A filosofia transcendental kantiana pode tentar explicar como se constitui o objeto; mas o que nunca poderá nos mostrar é a razão cognoscitiva do próprio objeto, a explicação de nossa intelecção do objeto. O construtivismo do objeto exclui a possibilidade de atender à intelecção do objeto. Em última análise, o ponto de vista transcendental se converte numa teoria da construção do objeto: mas o conhecimento como tal está excluído do ponto de vista transcendental. A *Crítica da razão pura* é, em definitivo, uma teoria construtivista do objeto, bordejando sua intelecção.

Kant, de algum modo, sentiu essa dificuldade: se o "eu penso" é a consideração transcendental do conhecer em sua forma de unidade (unidade da percepção), então deve-se dizer que é síntese – quer dizer, espontaneidade. Ora, enquanto eu penso o "eu penso", este deixa de ser a síntese originária: o "eu penso" como síntese precede o "eu penso" como objeto pensado, sendo mais radical e originário do que este, e o precede

---

[16] Cfr., por exemplo, TOMÁS DE AQUINO: *Summa theologiae* I, 14, 2 c; 55, 1 ad 2, etc.

de tal maneira que a radicalidade sintética daquele já não se encontra neste. Kant pretende que as categorias se deduzam da síntese radical; ora, a dedução só é possível no plano objetivo, mediante uma análise da síntese, na qual, irremediavelmente, perde-se o caráter primário desta. Não é possível uma dedução a partir do "eu penso" entendido como síntese, porque a dedução é da ordem analítica, e, portanto, pensada. Enquanto se mantiver a distinção entre sujeito-síntese e sujeito-objeto, será impossível realizar congruentemente a dedução transcendental. Por isso, o idealismo posterior aspirará a identificar o sujeito com o objeto.

Tudo isto nos indica que, embora o ponto de vista transcendental esteja arbitrado para explicar a possibilidade do objeto, o conhecimento como tema não comparece nele, e ficam omitidas suas dimensões fundamentais.

5. O objeto como conteúdo de consciência e matizações por parte de Husserl

O ponto de vista transcendental foi retomado no século XX por Husserl, a partir da observação de que o objeto não é, de maneira nenhuma, o sujeito. Husserl leva a cabo uma revisão da abordagem kantiana, que deveria ser qualificada como uma denúncia da noção de conteúdo de consciência. Para Husserl, é um erro considerar a consciência como a unidade mais formal, totalizante e englobante dos objetos.

A observação de Husserl supõe que o objeto não é, de nenhum modo, conteúdo de consciência, porque a irredutibilidade entre sujeito e objeto impede à consciência ser continente deste. Em contraste, o objeto está presente à consciência enquanto esta é intencional, quer dizer, "tende para" o objeto. O tema da intencionalidade exclui a idéia de uma consciência abarcante e, portanto, a noção de conteúdo de consciência.

Vimos, até agora, a enorme dificuldade trazida pela manutenção do ponto de vista transcendental, ao chegar ao sujeito transcendental. Agora podemos nos dar conta também de que, a rigor, as supostas idéias transcendentais ou premissas incondicionadas mais gerais – Deus, mundo, alma – não o são, por estarem englobadas em algo mais geral, que as abarca: um todo que é a consciência. A consciência, em Kant, se transforma no âmbito formal geral, unitário, para o qual todo objeto é conteúdo seu.

b) Intenção da Crítica da razão pura à luz da filosofia moral kantiana

A consciência o é tudo em absoluto? Não. Kant se nega a aceitar que, inclusive como síntese, o sujeito seja real. A *Crítica da razão prática* tenta completar a abordagem enfocando a subjetividade humana em termos reais. A liberdade da vontade, que é a possibilidade *a priori* da moralidade, é algo real, é algo mais que da ordem do meramente possível. O autêntico sujeito, portanto, é o sujeito moral: enquanto é uma liberdade em estado puro de autonormatividade; e é real transcendental enquanto se move em direção aos fins de uma maneira absoluta, incondicionalmente; e isso mostra, justamente, a moralidade. A posição incondicionada dos fins é a moralidade, o *factum* da razão prática.

Assim, o autêntico sujeito é o sujeito moral; ou, se se quiser: para enfrentar o tema da moral é necessário tomar o sujeito como real, enquanto, no caso do tema do conhecimento, não é preciso tomá-lo como tal. Kant, em definitivo, não quer comprometer a realidade do sujeito no tema do conhecimento, porque se o conhecimento é autêntico, é necessário; ora, segundo Kant, essa necessidade compromete a dignidade da pessoa humana: se o homem é um ser real, é, também, um ser pessoal. O mesmo Kant declarou que teve de pôr limites à razão para tornar a liberdade possível, e para dar um lugar à crença: *tive que suprimir o saber para deixar lugar para a fé*[17].

Portanto, os resultados agnósticos da *Crítica da razão pura* são queridos por Kant, precisamente, para concentrar a realidade do homem no plano da moral. Seu agnosticismo especulativo está a serviço de uma ampliação de ordem estritamente ética. Para salvar a liberdade humana é preciso impor limites ao necessitarismo intelectual (velho problema que já tinha aparecido na idade média com o averroísmo latino).

Entre as conhecidas perguntas de Kant ¿*que posso conhecer, que posso fazer, que posso esperar, que é o homem?*, a menos importante é a primeira. O homem (que pode conhecer objetos, fazer o bem, por ser livre, que pode esperar a eternidade, porque nunca terminará de fazer o bem) é um sujeito situado entre

---

[17] *Crítica da razão pura*, B XXX.

dois mundos: o das exigências morais e o das necessidades cognoscitivas (insisto em que isto é outra versão do problema medieval de articular fé e razão). Kant não pretende estreitar o horizonte humano, que na prática fica aberto; quer estreitar só o horizonte teórico, por ver nele uma ausência de liberdade.

Vejamos agora alguns derivados contemporâneos do problema antropológico em que Kant se debate.

c) A abordagem transcendental da fenomenologia

1. Abordagem de Husserl

A fenomenologia, como dissemos, recolhe o ponto de vista transcendental, mas levando a cabo uma nova abordagem da questão: a consciência é intencional, é consciência de objetos, os quais se apresentam diante dela como uma experiência – intuição eidética. Cabe intuição de essência porque a consciência é intencional.

Husserl não nega a consciência, senão seu suposto caráter envolvente. A consciência não é uma forma abarcante, quer dizer, uma forma unitária absoluta relativamente ao objeto. Este não aparece dentro daquela, e sim, mais adequadamente, diante dela. A consciência é a capacidade de enfrentar com a presencialidade. Husserl denomina tal situação como o ato de dar sentido – *nóesis*; mas não como ato construtivo, e sim como ato no qual se dá a essência. Dar sentido é a aparição do presente, o assistir ao que aparece na presença.

Se a consciência não é um abarcante, o objeto tampouco o é, e, em conseqüência, a consciência pode ir mais além dele, ultrapassando-o. É o que a fenomenologia chama de horizonte. Todo objeto, toda situação de objetivação, perfila-se dentro de um horizonte; que se constitui como tal para o objeto e para a própria consciência, enquanto doadora de sentido.

Assim, o dado se dá bordejado de um horizonte, e a relação entre o objeto e o horizonte é tal que permite continuar objetivando, isto é, que possibilita a aparição de um dado ulterior: e aqui aparece o tempo. A intencionalidade da consciência é duplicada por sua temporalidade. A consciência a respeito do objeto é intencional; a respeito do dado, enquanto tem a ver com o horizonte, é temporal. O tempo da consciência, dizíamos, é aquele que manifesta o princípio de inércia. No entanto, para Husserl, o tempo da consciência apresenta duas modalidades: a própria temporalidade inerte da consciência e a temporalidade desta no que concerne ao horizonte.

Porque também há na consciência, segundo Husserl, uma prototemporalidade: um fluxo sem sucessão. A consciência considerada em seu pólo subjetivo é um presente preservado constantemente, sem sucessão temporal; um presente que se repõe constantemente sem mudar em seu caráter de presente, sem projetá-lo no tempo. É sua noção de presentificação, tal e como aparece em suas *Lições sobre a fenomenologia da consciência interna do tempo*.

Essa postura permite a Husserl enfrentar o desenvolvimento da noção de *ego transcendental* como um eu não abarcante, por ser um tema que se torna acessível só a partir da consideração da consciência em sua prototemporalidade – o fluxo temporal segundo a presencialidade.

2. A noção de *abarcador* em Jaspers

O rema do englobante ou abarcador não desaparece do todo: reaparece em Jaspers, de uma maneira problemática. O abarcador, em Jaspers, é plural, por ter um sentido formal, e outro mais original e radical. Os abarcadores formais são três: o *Dasein* (o homem concebido como microcosmos), a consciência (que é um abarcador estático, puramente formal) e o espírito (que é o abarcador dinâmico no qual a forma constrói seu conteúdo). Além deles, os abarcadores originários ou limites são a existência e a transcendência. O primeiro é um abarcador não formal, descontínuo, livre e histórico. A transcendência é o abarcador de todos os abarcadores, e intemporal; já que o tema do tempo pertence ao abarcador existencial, o qual está acima de todos os horizontes, mas no tempo. A transcendência é conhecida em situações limite – a culpa, a dor, a morte; e através daquilo que Jaspers chama de cifras, das quais a mais importante é o amor.

3. Interpretação radical do horizonte em Heidegger

Em Heidegger aparece o tema da interpretação radical do horizonte – o tempo no plano da compreensão – e a tentativa de dar uma versão do *ego transcendental* de Husserl que possa torná-lo intuível.

Naquele que se costuma chamar de primeiro Heidegger, a interpretação compreensiva radical do horizonte é a interpretação do tempo como êxtase: passado, presente e futuro em mútua implicação e pertencimento, compreendidos em sua mútua referência. Esta é a interpretação do horizonte em sentido puro: o tempo como êxtase é o horizonte do ser. Àquilo que faz as vezes do *ego transcendental*, Heidegger denomina *Befindlichkeit*, termo que tem uma dupla significação: sentimento e encontrar-se. *Befindlichkeit* é o estado em que alguém encontra a si. Ora, o sentimento autenticamente revelador do si mesmo, enquanto este se auto-entende com relação ao ser, é a angústia, o sentimento diante do nada[18].

No segundo Heidegger, aparece uma temática nova: o tempo como horizonte é substituído pela aparição do ser. Em seu dar-se, o fenômeno – *Lichtung* ("calvero", na tradução castelhana, por se referir às clareiras que aparecem nos grandes bosques) – aparece como ser. O fenômeno é revelação, aparição (*alétheia*), desocultamento, que se dá no seio de um ocultamento do ser. Porque a revelação do ser é sempre *Lichtung*, dá-se no seio de uma transcendência que consiste em se ocultar. A temporalidade se reduz agora ao desocultamento do ser, porque este é epocal: o ser é quem manda na história; ou, se se quiser, o abrir-se do ser se dá segundo épocas – a história está composta de diversos *Lichtungen*. A história é a mesma ontologia enquanto desvelamento do ser. Aqui reaparece o tema do homem relacionado com o tema do ser, como o que lhe diz respeito especificamente: a índole do homem é estar ordenado a partir do ser, de sua compreensão. Esta é a razão das expressões heideggerianas: *o homem é o pastor do ser*, *o guardião do ser*... etc. E o lugar da aparição do ser é a linguagem: o homem faz o ser habitar a linguagem.

De todo modo, esta segunda postura de Heidegger apresenta sérios inconvenientes (ligados à eventualidade do acontecimento do ser). É claro que ele não deu continuidade a seu propósito de dar um impulso forte à ontologia, e terminou sua vida de pensador produtivo num estado de certa perplexidade.

Ocorre a Heidegger, em última análise, algo bastante trágico: a fenomenologia conseguiu superar o ponto de vista kantiano da consciência

---

[18] Cfr. *Qué és metafísica* (traduzido com outros ensaios heideggerianos pela editora Fausto, Buenos Aires 1992).

como englobante; mas, por outro lado, continua a ser uma filosofia transcendental, na qual continua certo que essa presença, esse aparecer, refere-se exclusivamente a alguém para quem essa presença é. A presença se define com relação a uma instância, a um centro, em última análise, humanos. Toda investigação se realiza, em definitivo, *coram homine*. Mas, justamente por isto, o homem fica subordinado a uma fatalidade inerente ao próprio ser: o homem fica subordinado à historicidade do ser, o que faz aparecer uma incompreensão referida ao próprio tema do tempo. Por que fica o homem prisioneiro do ser? Pelo ocultamento deste. Se a manifestação do ser não é estável, e sim arbitrária, o homem fica totalmente sujeito à sua manifestação: algo que, em definitivo, pertence à ordem da eventualidade, do *fatum* – voluntarismo ou necessitarismo do ser. O homem se instala numa espécie de arbitrismo puro do ser, e inclusive de irracionalidade.

Em todo caso, o homem é finitude insuperável; está absolutamente fechado, não mais pela consciência, e sim pelo ser, sua história e sua eventualidade. Aquele âmbito moral que Kant havia arbitrado para superar a necessidade se evapora num novo necessitarismo ontológico.

4. Fenomenologia e estruturalismo como considerações opostas e insuficientes do conhecimento

A tentativa de correção da filosofia kantiana por parte da fenomenologia termina sem abandonar o ponto de vista transcendental, ou fazendo do homem e do conhecimento humano uma finitude insuperável, muito mais trágica que a de Kant. A fenomenologia, mesmo evitando o construtivismo *a priori* do objeto, conserva a base da abordagem transcendental: embora o sujeito não construa, não há objeto sem sujeito, último ponto de referência. Um objeto sem sujeito carece de sentido. A fenomenologia mantém o caráter, por assim dizer, humanístico do conhecimento.

O estruturalismo, em contraste, mostra-se como um objetivismo radical. Seus seguidores sugerem que o tema do conhecimento deve ser abordado dessubjetivizando-o completamente. Deve-se afastar disso que se chama pensar toda conotação dinâmica e toda conotação presencial relativa a alguém. Diante do que qualificamos, de certo modo, como o caráter humanístico do conhecimento, o qual encontramos na fenomenologia, o estruturalismo propugna uma desumanização do pensamento na qual o sujeito carece de sentido: o pensamento é radicalmente impessoal. O pensar não deve de maneira nenhuma ser atribuído a um eu, e sim a designações pronominais sem caráter supositivo – *ça pense* (pensa-se...). O pensamento se transforma à nossa frente em algo estático, no qual só se dão relações entre elementos. Esses elementos relacionados constituem estruturas, totalidades, nas quais essas mesmas relações entre elementos perdem sua tensão em função da estrutura holística.

Façamos agora um balanço. Não seria tudo isto um formidável erro de fundo? Não estaríamos, a rigor, abordando mal o problema do conhecimento? O problema que se coloca, e ao qual temos que dar resposta é: o que se pode dizer da objetividade? o que se pode dizer da subjetividade? Terá o sujeito ou o objeto, isoladamente, a capacidade de dar razão de toda a constituição do conhecimento? O tema do conhecimento, com sua estrutura sujeito-objetualista, continua latente.

III. Consideração Metafísica do Conhecimento

A possibilidade de salvar o movimento pendular da filosofia moderna entre subjetivismo e objetivismo deve ser cumprida a partir da metafísica.

No fundo, o problema do subjetivismo e do objetivismo está, ao menos parcialmente, na aspiração à intuição, na pretensão de um conhecimento direto e imediato. A intuição significa ou equivale a um *desideratum* de conhecimento: aquele que sinta que a perfeição cognoscitiva está no imediatamente presente. É uma opinião decisiva: a de que a instância cognoscitiva tem de estabelecê-la exclusivamente com relação a que é imediato, porque só o imediato não está latente, nem guarda nada oculto.

O conhecimento, mediante esse postulado desiderativo que é a intuição, está cifrado na imediação. Essa primazia da intuição subjaz tanto no objetivismo – que reclama *id quod per se concipitur* – quanto no subjetivismo: a atualidade cognoscitiva como pura correspondência formal com o conhecido, que é – num duplo sentido – assistência à imediatez do conhecido.

Examinemos, na filosofia de Hegel, uma resposta, ou ao menos uma alternativa, a essa abordagem.

A FILOSOFIA DE HEGEL COMO TENTATIVA DE SUPERAR A IMEDIAÇÃO

a) Exposição

Hegel, na introdução à *Ciência da lógica*, faz uma observação importante: *é preciso ressaltar, frente à intenção precipitada de desembocar num conhecimento imediato, a importância decisiva da mediação.*

Por que Hegel diz isso? Evidentemente, o *desideratum* da perfeição do conhecimento como imediação – ao afirmar que é a forma suprema de conhecimento – impede-lhe todo progresso: a imediação se constitui de antemão na forma suprema e terminal de conhecimento. Ora, não ocorreria que o pensamento é de tal índole que, sempre que conhecemos algo em imediação, nossa capacidade de pensar não fica saturada? Não ocorreria, em definitivo, que, dada a índole prossecutiva do conhecimento, o imediato é apenas seu ponto de partida?

O diagnóstico hegeliano é taxativo: nosso conhecimento não pode ser medido desde o início pelo conhecido em imediação; ou, se se quiser, conhecer é transcender o imediato. O atualismo, como absoluta correspondência com uma presença plena, está limitado por essa presença; a perfeição do cognoscente não pode ser a pura correspondência atualística com o imediatamente dado.

Então, a imediação primeira não pode ser mais que o ponto de partida, e portanto vazia: é precisamente aquilo a partir de onde se pode avançar, transcendendo para além dessa imediação. Se assim é, já não resta nenhuma necessidade de recortar o alcance da intuição – como faz Kant. A perfeição intrínseca do cognoscente será mostrada pela possibilidade de superar a intuição; e transcender a imediação é um processo. Portanto, insisto, não é necessário pôr entraves a uma pura imediatez, porque a perfeição do conhecimento não é a imediação.

Por outro lado, o sujeito não pode ser, simplesmente, atualidade. Que entende Hegel por sujeito? Para ele, o sujeito é a própria alma do processo. O sujeito, em última análise, é culminância relativamente ao método; e então mostra a importância do próprio método, do meio ou da capacidade de apresentar novos conhecimentos transcendendo toda imediação. A subjetividade hegeliana é, portanto, a consideração dinâmica, processual do conhecimento; enquanto que este é capaz de alcançar novos momentos ou planos gnosiológicos superando a imediação. O método é, justamente, a mediação; e, precisamente por isso, é preciso dizer que, ao longo do processo genético do conhecimento descrito na *Ciência da lógica*, o sujeito não aparece plenamente como tal, e sim ajustado com e como o exercício do método. O sujeito não se distingue frente àquilo que em últimos termos se alcança no exercício do processo de mediação: por isso só aparecerá de todo na síntese final.

Dizer que o sujeito é método, ou que o pensar é processo, ainda é indefinido: é preciso estabelecer de que modo o são. Para Hegel, o sujeito é método enquanto obtém o incremento do conhecimento. O método deverá ser, portanto, a capacidade estrita de progredir no conhecimento alcançando novidades, passando do pensado ao não pensado, de tal maneira que o não pensado venha a ser pensado. Este processo editor de novidades não tem, por outro lado, limitação em sua capacidade. Não há nada fora do processo, porque o que chamamos de real vai aparecendo a cada uma das fases do exercício do método, consagrando-se na própria mediação. Este é o sentido e a justificação da afirmação hegeliana de que *todo racional é real e todo real é racional*, que aparece no prólogo de sua *Filosofia do direito*.

Como podemos chegar a algo ainda não pensado? Como mediamos? Qual é, em definitivo, a índole própria do método? Segundo Hegel, é a negação. Se, efetivamente, a negação tem aquilo que Hegel lhe atribui – um fruto, um resultado – então ela é o que mais nos afasta do que até então se havia pensado. A forma modelar da mediação é a negação. Se tivermos A, a mediação mais rotunda relativamente a isso é não-A; não-A é o que pode pensar de mais diferente de A, desde que efetivamente possa ser pensado. Isto coloca a questão da fecundidade pensante da negação.

A negação em Hegel é tão metódica que permite sua inversão: a reiteração do próprio dinamismo do negar, assim conservando a possibilidade de tornar a negar. A negação é fecunda por abrir a possibilidade de tornar a negar sem se reduzir ao ponto de partida. A negação de não-A (não-não-A[19]) não é outra vez

---

[19] Assim escrito literalmente no texto original.

A, pura e simplesmente, como poderia sustentar uma lógica estática ou uma consideração determinada da negação. Na negação de não-A o primeiro A está, de uma vez, suprimido e elevado, em definitivo, negado e conservado.

A novidade, a mediação mais alta que se pode conseguir com relação a A é não-A. Ora, para a mediação relativa a A, sua eficácia autêntica não está em chegar a um termo completamente diferente de A, e sim em nos fazer ascender a um termo superior a A; e isso supõe que a negação de A não seja uma simples negação, e sim que seja ela própria uma mediação, uma negação de si mesma, dupla negação. A negação dupla, por ser negação, é supressão, e por ser dupla é conservação em ascensão – elevação. Quando ascendemos ao A duplamente negado, é porque consumamos a mediação – *Aufhebung*.

A negação da negação é uma mediação no sentido de alcançar uma estrita novidade; mas também no sentido de conseguir pensar mais, porque o que foi pensado primeiro está agora integrado, não é mais algo isolado. A mediação tem, portanto, um caráter generalizador, que é o radicalmente novo do processo. Mediante tal caráter se obtém uma integração de todo o conhecido na universalidade, que, em definitivo, é uma autêntica ampliação do pensamento: antes pensávamos A, agora o pensamos integrado. Realmente, onde a negação tem seu caráter definitivo de mediação é aqui: o mais diferente de A é que A não seja único (A e não-A)[20]. O processo de incremento do conhecimento, cujo objetivo final é pensá-lo como um todo, supõe que seus diversos momentos até a totalidade objetiva devem ser progressivamente pensados, integrados numa generalidade cada vez maior.

Não nos esqueçamos de que, em última análise, o método é o sujeito. Isto quer dizer também que a integração de A, sua universalização, é mais subjetiva que A. Que quer dizer que a mediação seja mais subjetiva que a imediação? Simplesmente, que a mediação, a síntese, é o autêntico pensar A. A mediação é um processo de totalização no qual se consegue que o pensado não seja unicamente uma determinação isolada, e sim englobada, integrada; e, por outro lado, é um processo de subjetivização, de aparição, progressiva e correlativa com o processo, do sujeito.

---

[20] Polo esquematizou mais tarde a dialética hegeliana (cfr. *El hombre em nuestra situación*, já citado) com estes três símbolos: A, não-A, A e não-A. O terceiro momento, a segunda negação, nega a separação dos momentos prévios, reúne A e não-A.

A pergunta que devemos fazer agora é a seguinte: Será este um processo aberto ou não? Existiria uma síntese final, um círculo de todos os círculos? Hegel crê que, mediante sínteses sucessivas, consegue-se integrar tudo o pensado, de maneira que a se alcançar uma situação terminal na qual o pensado é o próprio sujeito pensante. Para Hegel, existe, portanto, uma síntese final, mediação rotunda, que é integração total; na qual, como o total das determinações obtidas nas sucessivas integrações, chega-se a reconhecer a subjetividade absoluta (divina). Na síntese total se realiza a identidade sujeito-objeto.

b) Crítica

1. Do ponto de vista do objeto

Analisemos a objetividade hegeliana tentando dar uma resposta à pergunta que colocamos no final do capítulo anterior: o que se pode dizer do objeto? Na dialética hegeliana, o que vem do objeto é um confuso amálgama metódico, que tentaremos desfazer com as seguintes observações.

A primeira coisa que devemos indagar é se existe uma determinação cognoscitiva que seja negativa e perdure para sempre. Isto seria necessário para a mediação, e para que a síntese culmine em identidade. Independentemente do fato de que na *Ciência da lógica* há muitas antíteses e sínteses que não são tais, há outro problema mais radical: a mediação não pode ser negativa em forma universal. Vejamos.

Aristóteles afirma que, dadas duas noções A e B, nunca B é não-A. É preciso levar em conta que de modo algum não-A seria o ganho radical relativamente a A, justamente por estar sempre determinado por A. A dependência de não-A relativamente a A, enquanto negativo seu, anula o pretenso ganho radical do conhecimento.

Por outro lado, além disso, a tese de que todo A tem um não-A, de maneira a constituir uma determinação – como tal – positiva, é resolvida numa tese diferente: toda noção pode dar lugar generativamente a outra noção, mediando a negação. Essa tese é falsa. Hegel não se deu conta de que a suposta novidade de não-A não é absoluta, e de que não-A só pode ser determinado se A for capaz de respaldar tal determinação. É patente que, pelo fato de negarmos A, não chegamos a uma realidade determinadamente diferente de A. Isto não ocorre em nenhuma noção, porque no existe nenhuma que seja pura e exclusivamente função negativa determinada de outra. De nenhum modo um não-gato é a noção de rato. As noções no se tornam determinadas a partir de uma indeterminação.

A filosofia de Hegel pretende prosseguir em função de um sistema, entendido agora como a gênese das noções que formam um conjunto entre si. O sistema, ou a filosofia sistemática, é uma hipótese acerca do conhecimento, segundo a qual uma noção é pura e estritamente função de outra noção, e se define como tal. O pensar dialético é um modo de realizar essa hipótese sistemática. Mas o conhecimento, como tal, não é sistema, porque não é possível a gênese estrita do conhecido a partir do conhecido (o que não anula, entre outras coisas, o raciocínio; portanto, nele, a conclusão não é gerada pelas premissas: a conexão entre os termos é estabelecida, em contraste, pelo termo médio).

Além disso, deve-se notar que, se admitimos a primazia da mediação, temos que negar que em momento algum a imediação se dê isoladamente, ela e somente ela. Se as noções não são geradas por noções, deve-se dizer que todas têm um componente metódico: nenhuma é imediata.

Por fim, a síntese não pode ser o terceiro momento, quer dizer, não há por que postergá-la tanto, até a reduplicação da negação; embora isto não queira dizer, tampouco, que ela seja imediata. A generalização é o caráter medial mesmo da negação enquanto tal; e por isso não há por que ser antecedida por outra negação prévia. O geral tem um caráter indeterminado a partir das determinações, e nunca o caráter de síntese de um processo mental.

2. Do ponto de vista do sujeito

Estaria correta a interpretação hegeliana do sujeito como método? Deve-se dizer que não: em última análise, porque a identidade sujeito-objeto à que ela conduz é um mau *status* para a própria identidade; e uma má interpretação da subjetividade, tanto humana quanto divina.

A princípio, para Aristóteles o sujeito não pode ser entendido do ponto de vista da atualidade objetiva; porque o sujeito, desde o início, não é ato e sim potência de conhecimento objetivo expresso: o conhecimento considerado subjetivamente é uma *tabula rasa*. O intelecto agente, por sua parte, tampouco é coatual; é ato, mas não ajustado ao objeto atual, já que ultrapassa e acompanha todo exercício ativo da inteligência.

No caso de haver conhecimento de algo, o sujeito se converteria em mera coatualidade, pura correlação com a coisa conhecida? Não: o sujeito não pode ser uma simples coatualidade; ou, se se quiser, a passagem da potência ao ato, do ponto de vista da subjetividade cognoscente, não pode querer dizer simples comensuração, mera correlação com o objeto. Tal correlação acontece no ato cognoscitivo, mas não é o sujeito inteiro. O conhecimento, como pura correlação sujeito-objeto, está tomado a um nível muito simples de consideração. O sujeito tem que ser algo além disso (melhor, alguém mais); mas surge aqui a pergunta: é possível alcançar esse mais a partir da consideração metódica do sujeito própria de Hegel?

Neste momento, deve-se dizer o seguinte: o sujeito como ato é mais que um processo de incremento das determinações conhecidas. Se quisermos manter, em termos de identidade, o sujeito e o objeto conhecido, temos que postular duas coisas: que essa identidade, em todo caso, implica uma *prioridade* radical do sujeito, e além disso que tal identidade é originária em ato, e não, de maneira nenhuma, o termo de um processo. Considerado metafisicamente, o sujeito não pode ser um processo rumo ao conhecido tendo como meta a identificação com ele, porque então haveria um trajeto em ato, toda a mediação, em que o sujeito é parcialmente desconhecido. Mas um sujeito de conhecimento ignoto está, precisamente como sujeito de conhecimento, ausente.

Em última análise, para Hegel, o processo tem como fim a identidade sujeito-objeto, o autoconhecimento do sujeito reunindo todas as determinações alcançadas no processo. Isso se estabelece de forma sintética, ou, o que é o mesmo, copulativa. Ora, deve-se negar que a identidade seja copulativa. A versão da identidade dada por Hegel na síntese – A é A – se resolve numa identidade copulativa – A e A; porque os AA, por assim dizer, não são idênticos entre si, e alcançam a identidade só quando se constitui a relação entre o sujeito (primeiro A) e todo o pensável (segundo A). O segredo da filosofia de Hegel está no "e" copulativo com o qual se enlaçam sinteticamente ambos os AA, alcançando a identidade; a qual se constitui como tal na auto-referência do sujeito que sintetiza tudo o que conseguiu pensar durante o processo, e assim se conhece.

Essa interpretação da identidade é insuficiente porque não é originária, e na tradição existe uma interpretação da identidade superior a esta. "A é A" não se resolve em forma copulativa, que tem um claro caráter aditivo e progressivo. Deve-se levar em conta, ainda, que A tem a ver com A originariamente; ou, o que é o mesmo, que o sujeito absoluto não deve transitar até nenhum objeto. O sujeito humano é mais que objeto; e, embora careça de caráter originário, com relação ao objeto, tampouco tem de transitar, mas ao conhecê-lo *eo ipso* o supõe, porque é superior a ele.

Se a identidade resultante entre sujeito e objeto não é originária, o propósito de obtê-la, que constitui a mediação, impossibilita a liberdade, ao deixar o sujeito capturado no objeto, ao qual necessariamente tem que transitar para constituir tal identidade. Diante disto, deve-se dizer que o sujeito alcança o conhecido, mas de tal forma que seu ato de ser não se esgota nisso. Como procurei mostrar em *El accesso ao ser*, a realidade do cognoscente não consiste numa dilatação do pensamento[21].

Em resumo: a interpretação do sujeito como método leva a considerá-lo como um dos membros da identidade. Do ponto de vista do sujeito, o método é a passagem, o trânsito do sujeito ao objeto, ao conhecido. O caráter metódico se consuma na síntese final, e implica que o objeto se acrescente – caráter aditivo da identidade final – ao sujeito.

O sujeito não é o método; como tampouco o objeto é imediato. O que vem, então, do conhecer? e a relação que os une?

c) A noção de intelecto agente: abordagem metafísica do tema do conhecimento

Hegel se equivoca ao considerar o sujeito como método.

A maneira como Aristóteles expressa o caráter não metódico do sujeito é sua famosa teoria do intelecto agente. O fazer inteligível não pode de modo algum ser um método, mas deve estar dotado de uma suficiência

....

[21] *Embora o método comporte uma dilatação interna do pensamento (...), consistiria a realidade do cognoscente numa dilatação interna do pensamento? (...) o que se quer dizer é que o sujeito não é real em relação a uma intensificação do pensamento. El acceso al ser*, o. c. p. 236.

própria, segundo a qual o inteligível é um fato não propriamente inteligível, mas só inteligível em ato; quer dizer, sem que esse fazer seja um método ou uma elaboração do inteligível estritamente considerado, uma produção sua. O intelecto agente é precisamente a renúncia radical à categoria de ação produtiva para o entendimento, já que o inteligível se constitui como tal em ato, por virtude de um ato.

A questão que se coloca é como explicar a fórmula tomista: *lumem intellectus agentis facit intelligibilia*[22], sem precisar recorrer a uma consideração produtiva, física, categorial, ou a uma pluralidade de causas, que nos faça perder a ordem transcendental na qual se ela inscreve. O tema do intelecto agente é algo mais que uma mera peça teórica: é a abordagem transcendental do tema do inteligível, levada a cabo negando em absoluto a pertinência a esse respeito de uma *kínesis*. Paralelamente, o *intellectus agens* não é uma subjetividade como método, já que o inteligível em ato tampouco é o término de um processo, seu resultado; porque se o fora haveria um caminho até ele, ignoto enquanto antecedesse o objeto entendido.

O inteligível depende radical e unitariamente de uma instância última, e o intelecto agente é a conexão daquele com esta instância, constituindo-o assim justamente como inteligível em ato. O intelecto agente é o ato correspondente ao inteligível, o ato dos inteligíveis em ato; aos quais põe em conexão – eis aqui todo seu "fazer" – com a instância última, a-hipotética, que é o ser.

Por conseguinte, o ser se considera ato do inteligível de uma maneira estritamente não metódica: porque o ser é comunicativo *ex-se*. Ser em particípio é "sendo". "Sendo" não significa determinação *in-se*, e sim comunicação participada *ex-se*. A conexão com o "sendo" do ser é aquilo de que o inteligível precisa para ser em ato. O inteligível se constitui como tal enquanto o *lumem intellectus* o conecta com o ser, deriva-o como sendo, vindo do a-hipotético, que é o *esse* como ato. Somente se o *esse* como ato é comunicado ao inteligível, este aparece como tal; mas seu aparecer pressupõe o *lumem* conexivo. Sem o caráter *a priori* ou a-hipotético do *esse*, o inteligível no poderia se constituir como tal, ou seja, *essendo ex esse*. Em suma, o inteligível, em seu próprio caráter de inteligível, se constitui por sua conexão com o ato de ser.

---

[22] Cfr. *Summa theologiae* I, 87 c.

Deste modo, a verdade pertence ao ser, sendo um dos transcendentais. A verdade, de que já distinguimos aqui alguns dos sentidos, é também prévia ao plano da manifestação do ser, e, neste sentido, causada a partir do *ex* radical do ato de ser – *esse rei*. Este anteceder da verdade à manifestação deve ser entendido como uma conexão referida à comunicação da fundamentalidade do *esse*. Por sua vez, a *prioridade* transcendental – fundamento da comunicação com relação à qual cabe a própria verdade – não pode ser entendida como um caráter metódico unilateralmente proveniente do sujeito. O sujeito não é fundamento; a liberdade não é de ordem causal. A discrepância com Kant neste ponto é drástica e radical.

Para Santo Tomás, o ato e sua atuosidade não têm nada a ver com uma reserva diante da ação de pensar; e, portanto, não exigem trânsito algum: deve-se admitir, portanto, que o inteligível, na imagem, é o inteligível em potência. A conexão iluminadora do inteligível não o fabrica, e sim o remete à própria proficuidade do ser. Por isso, o ato e sua atuosidade – o *esse* e seu *essendo*, sua comunicação – não são metódicos. A atuosidade do ato deve ser vista não como um processo em direção a um termo, mas como a própria fecundidade emergente segundo uma insistência afirmativa assegurada a partir do caráter primordial do ato.

O inteligível deve ser referido a um *prius*, mas de nenhuma maneira a um sistema. Espinosa representa na história da filosofia a tentativa de pensar esse *prius* a partir da noção de totalidade sistemática. A consideração unitária da totalidade, em Espinosa, recebe o nome de *natura*. Sua metafísica, na qual a noção de todo é a prevalente, poderia ser denominada então naturalista. Essa metafísica é insuficiente: a noção de todo não é consumativa, já que lhe falta, justamente, a fundamentalidade. A radicalidade do a-hipotético nunca se acha na noção de todo; a qual de maneira nenhuma pode ser o *prius* fundamental.

O conhecimento humano é irrestrito e, na mesma medida em que o é, deve-se afirmar que não se conclui na noção de todo (concluir-se não como conexão referente, e sim como finalização, como termo). Qualquer noção de todo sempre deixa algo de fora; geralmente é o cognoscente, mas também o fundamento. Um conhecimento totalizado é algo limitado por essa mesma totalidade, e, em sua raiz, anulado; porque o conhecimento não pode ser totalizado, e, não sendo este o seu destino, antes de disparar se inibiria.

Dentro do tomismo, o fato de a totalidade não ser a última palavra no conhecimento encontra, em nível de objeto, sua justificativa na teoria da abstração e na diferença entre abstração total e formal. A abstração total é aquela que acontece pela linha da extensionalidade, e com ela se constituem as noções gerais. Por abstração total das noções de gato, cão, etc., obtemos a noção de animal, noção genérica. A abstração formal, em contraste, não é extensiva, e sim intensiva, aprofundante; destacando aquilo que há na noção de mais formal e profundo, menos material ou indeterminado, menos potencial.

Paralelamente, a noção de ente tem dois sentidos, conforme o resultado de uma abstração formal ou total. O ente como noção abstraída segundo a abstração total é o mais vazio e geral de todos os conceitos e, portanto, o mais imperfeito. Considerado segundo a abstração formal em contraste, o ente é *id quod habet esse*, uma referência ao ser. Enquanto referência ao ser, o ente renuncia a se constituir de maneira terminal como conceito, e exclui assim que conceber seja a maneira mais adequada de pensá-lo. Essa consideração da radicalidade nos abre o ente à transcendência, nos remete ao *esse*.

Por outro lado, considerando a ordem da abstração total, as generalidades que se conseguem entranham um jogo entre as indeterminações e as determinações que lhe são correspondentes. Esse jogo não se detém em sentido estrito; ou, se se quiser, a tese aristotélica de que existem gêneros supremos não é certa: sempre existe a possibilidade de generalizar mais. A generalização é um processo ao infinito: sempre se pode encontrar uma noção mais geral. Nosso entendimento, nem sequer na linha da abstração total, termina na totalidade objetiva absoluta.

Nosso conhecimento objetivo exige a referência ao ser segundo a linha do inteligível implícito, pela qual chegamos à conclusão de que não há conhecimento objetivo terminativo do *esse*. A consideração do sujeito cognoscente leva a uma constatação similar. A tese aristotélico-tomista a esse respeito, a qual já citamos aqui, é taxativa: o *intelecto em ato e o inteligível em ato são um em ato*. Com isto se nega rotundamente que o um seja do outro, ou se reduza a ele, ou vice-versa. Não há nenhuma passagem, nenhum trânsito entre ambos: são um em ato, encontram-se em ato; nenhum dos dois exclui nem suplanta o outro, apenas co-ocorrem. A conexão referente é assistida pela comunicação *ex se* e, por sua vez, assiste a ela como núcleo efusivo.

Vejamos se somos capazes, enfim, de entender como o conhecimento é irrestrito enquanto unidade em ato. O nuclear do conhecimento é assistência efusiva, uma em ato (noção de encontro) com a assistência comunicativa. Nesta unidade, o inteligível não se reduz a ser objeto do sujeito, e o intelecto tampouco se reduz a ser intelecção do inteligido: em vez de trânsito, encontro, unidade de ato. E superabundante; porque, como tal unidade é o encontro de comunicação e efusão, está dilatada a partir do *esse* e em direção ao sujeito (o qual denominei núcleo do saber).

Essa segunda dilatação significa que cabe, além disso, entender que se entende. Na unidade em ato, o inteligido não é a perfeição por antonomásia do inteligir como ato. Por isso digo que esse ato, conexão referente, é nuclear, não se perde na efusão. Não se perder significa, a princípio, alcançar-se em ato: entender que se entende é um incremento nuclear do ato do conhecimento alcançado por cima do encontro. Esta é uma das dimensões do caráter irrestrito do conhecimento: a infinita agilidade segundo a qual o entender transparece, ou lhe é próprio não esgotar-se no que entende ao entendê-lo. O entender se alcança a si mesmo com prioridade relativamente ao inteligível enquanto o entende: enquanto o entende, o entender é alcançado como ato. Entender é a estrita consideração da *prioridade* do *esse* relativamente ao inteligível, enquanto tal *prioridade* corresponde a um alcançar-se, antes de, ou em vez de terminar no inteligível.

Justamente neste nível convém colocar o tema do sujeito. Enquanto buscarmos a compreensão do sujeito de maneira a admitir que quem conhece, e enquanto conhece, se confronta com o objeto, transita para ele ou com ele se envolve, teremos renunciado a alcançar a subjetividade. Mas a abordagem do tema é correta se nos dermos conta de que o conhecimento é irrestrito, alcançando o inteligível em vem de nele terminando: porque entende que entende.

Deste entender que entende depende a consciência; a qual, a rigor, não é abarcante (Kant) nem consciência de *nóema* (com intermediação da *nóesis*: Husserl), e sim a assistência do *lumem intellectus* à unidade em ato com o entendido. Tal assistência é, sobretudo, presença, haver: entender e entendido não excluídos entre si, e sim reduzidos à mesmidade; mesmidade significa presença, antecedência que obtém, haver[23]. Em suma, o caráter irrestrito do conhecimento deve ser cifrado, a princípio, no alcançar-se nuclear no qual seu ato não se reduz à relação com o objeto. Paralelamente, objetivar é ob-ter; a antecedência significa que tal relação é supérflua, que ela não deve ser terminada no objeto (*péras*: termo, acabamento; a práxis cognoscitiva não tem *péras*, ela possui o fim).

Com relação ao entender que entende, pode-se dizer que o conhecimento objetiva dependendo do núcleo, que o inteligível assiste a partir do ser, *ex se*, e deste modo o ser não fica, como transcendência, inadvertido. Entender que se entende, mais que uma volta a si mesmo, é a nuclearidade alcançada, sem prejuízo da efusão: uma autêntica conservação de quem dá (donal), que permite falar do sujeito como subsistência. Todo entendimento depende de uma subsistência, de uma pessoa. Alcançar o núcleo pessoal é diferente da identidade originária, que é exclusivamente divina.

Isto posto, podemos retomar o tema do objeto. Que quer dizer entender o inteligível? Seria equivocado considerar o inteligível como uma imediação: ele assim não ficaria referido ao *esse*; mas sem a comunicatividade *ex se* o inteligível não se constitui como tal. Além disso, a imediação é incompatível com a dependência diante do núcleo, por ser terminativa. Será possível escapar da interpretação terminativa do objeto? Haverá na filosofia tradicional alguma indicação a esse respeito?

Segundo Tomás de Aquino, o verbo mental – o inteligível – é manifestativo e declarativo do *esse*: é o chamado terceiro sentido da verdade. O que o entendimento tem de assistência, de palavra, de verbo, é o modo segundo o qual se adquire – se obtém – o terceiro sentido da verdade. A comunicação do ser, o inteligível posto em ato por conexão referente, é, objetivamente, a manifestação e a declaração do ser. O tema do objeto é, portanto, inseparável do tema do verbo mental. E como se dá a referência do entender ao verbo? Juan de Santo Tomás o expressa do seguinte modo: o entendimento, relativamente ao verbo mental, forma-o e o entende. Juan de Santo Tomás,

---

[23] Polo utiliza aqui algumas descrições do limite mental, mas sem mencioná-lo.

num comentário fiel ao aquinate, diz: o *entendimento, conhecendo, forma o objeto que entende, e, formando-o, o entende*[24]. O entendimento forma o verbo; portanto, fica excluída a imediação. Do mesmo modo, depois de formá-lo, entende-o: eis aqui evitada a terminalidade. E isto é, justamente, a congruência, a comensuração do dinâmico e do nocional do entendimento. A incongruência é, precisamente, a não comensuração, a desmesura de um dos dois aspectos do conhecimento: o nocional ou o metódico.

Assim, o tema do objeto é metodicamente o tema do verbo mental, a co-implicação do formar e do entender; a comensurabilidade entre a noção e o modo de estabelecê-la, segundo a qual o objeto não é terminativo. Na coatualidade do intelecto e do entendido, na operação cognoscitiva, encontramos a superação do esquema sujeito-objetualista da modernidade, encontramos finalmente o entender, segundo o meu juízo, omitido na crítica kantiana.

---

24 *Cursus theologicus*, disp. 32, art. 5, nº 13.

APÊNDICE

À vista dos êxitos obtidos nesta exposição, podemos agora recolocar a temática kantiana: quais são os motivos profundos que dominam toda a *Crítica da razão pura*? Havíamos começado a responder essa pergunta anteriormente; agora, tentaremos detalhar melhor o tema.

A filosofia kantiana é uma tomada de posição frente a Espinosa, a quem, de certo modo, o mecanicismo físico tinha dado razão, apresentando-se como um determinismo. O naturalismo espinosista é, para Kant, uma clara perda da condição própria do homem, que é um agente livre. Por outro lado, em contraste, Kant está convencido de que a física de Newton é certa.

Diante dessa tessitura, a tarefa de Kant consistirá em libertar o homem de uma necessidade que parece dominá-lo por inteiro e que impossibilita, portanto, o dever ser, a moral; a qual requer, justamente, a possibilidade de fazer algo de acordo com uma lei que não é física – determinista – por estar regida pelo princípio de finalidade e não pelo de causalidade. O procedimento kantiano nessa empreitada consiste em limitar o alcance do determinismo: deve-se por limites à física, ao pensar determinista, para recuperar o homem como ser livre e, portanto, como agente moral.

Como livraremos o homem da necessidade suposta por um mundo físico regido por leis inexoráveis? A resposta de Kant constituirá seu famoso giro copernicano: livrando-o de estar imerso nele. O homem não é um ser abarcado pelo espaço, porque este só é a forma *a priori* da intuição sensível externa, a condição que o homem põe para representar uma multiplicidade fenomênica. O sujeito sai, assim, do espaço, e funciona com relação ao que nele se encontra estabelecendo regras e leis mediante categorias ou conceitos, os quais são funções mentais que estabelecem conexões e determinam a unidade daquilo que aparece no espaço. O sujeito já não é meramente empírico, e sim transcendental: converte-se no legislador que estabelece, enquanto conhece, a necessidade lógico-transcendental do mundo. O homem não é um ente intramundano, porque o intramundano é legislado por ele, enquanto sujeito transcendental.

Podemos assegurar, depois deste giro, que o sujeito transcendental eludiu definitivamente a necessidade? A resposta, lamentavelmente, deve ser negativa. O sujeito como legislador se projeta na necessidade, continua ligado a ela; não a padecendo, e sim como sua condição de possibilidade. A descosmologização do sujeito ainda é insuficiente; porque o sujeito, não sendo ainda intramundano, está adscrito ao mundo, já que sua índole transcendental tem como contrapartida, em última análise, o constituir, necessariamente a partir de suas formas *a priori*, a natureza física. Ora, o estabelecimento da consciência como generalidade constituinte supõe que o sujeito fica ligado à objetividade; constituída necessariamente por ele, mas sem que, por essa linha, apareça a finalidade.

A vitória de Kant sobre o necessitarismo espinosista deve ser considerada então como pírrica. A rigor, o sujeito transcendental não é livre enquanto é espontaneamente legislador e aprioristicamente receptor, porque o sujeito transcendental se projeta na necessidade, na legalidade física, sendo agora seu ponto de partida. A *Crítica da razão pura*, para o homem, enquanto ser livre e moral – e é a isto que Kant aspira – é uma frustração; e, em seus resultados, uma declaração de agnosticismo. A *Crítica da razão prática* será a enunciação taxativa de que a autêntica realidade do sujeito é a liberdade, a qual não pode ser encontrada em sua espontaneidade cognoscente. Kant negará, portanto, que o sujeito transcendental – enquanto constituinte e última condição *a priori* da objetividade – seja real: a estrita consideração posicional do sujeito transcendental é a liberdade, que deve ser considerada como o *factum* da razão prática.

Coleção Grandes Obras do Pensamento Universal

1 – Assim Falava Zaratustra – **Nietzsche**
2 – A Origem da Família, da Propriedade Privada e do Estado – **Engels**
3 – Elogio da Loucura – **Erasmo de Rotterdam**
4-5 – A República – **Platão**
6 – As Paixões da Alma – **Descartes**
7 – A Origem da Desigualdade entre os Homens – **Rousseau**
8 – A Arte da Guerra – **Maquiavel**
9 – Utopia – **Thomas More**
10 – Discurso do Método – **Descartes**
11 – Monarquia – **Dante Alighieri**
12 – O Príncipe – **Maquiavel**
13 – O Contrato Social – **Rousseau**
14 – Banquete – **Dante Alighieri**
15 – A Religião nos Limites da Simples Razão – **Kant**
16 – A Política – **Aristóteles**
17 – Cândido ou o Otimismo – O Ingênuo – **Voltaire**
18 – Reorganizar a Sociedade – **Comte**
19 – A Perfeita Mulher Casada – **Luis de León**
20 – A Genealogia da Moral – **Nietzsche**
21 – Reflexões sobre a Vaidade dos Homens – **Mathias Aires**
22 – De Pueris – A Civilidade Pueril – **Erasmo de Rotterdam**
23 – Caracteres – **La Bruyère**
24 – Tratado sobre a Tolerância – **Voltaire**
25 – Investigação sobre o Entendimento Humano – **David Hume**
26 – A Dignidade do Homem – **Pico della Miràndola**
27 – Os Sonhos – **Quevedo**
28 – Crepúsculo dos Ídolos – **Nietzsche**
29 – Zadig ou o Destino – **Voltaire**
30 – Discurso sobre o Espírito Positivo – **Comte**
31 – Além do Bem e do Mal – **Nietzsche**
32 – A Princesa de Babilônia – **Voltaire**
33 – A Origem das Espécies (Tomo I) – **Darwin**
34 – A Origem das Espécies (Tomo II) – **Darwin**
35 – A Origem das Espécies (Tomo III) – **Darwin**
36 – Solilóquios – **Santo Agostinho**
37 – Livro do Amigo e do Amado – **Lúlio**
38 – Fábulas – **Fedro**
39 – A Sujeição das Mulheres – **Stuart Mill**
40 – O Sobrinho de Rameau – **Diderot**
41 – O Diabo Coxo – **Guevara**
42 – Humano, Demasiado Humano – **Nietzsche**
43 – A Vida Feliz – **Sêneca**
44 – Ensaio sobre a Liberdade – **Stuart Mill**
45 – A Gaia Ciência – **Nietzsche**
46 – Cartas Persas I – **Montesquieu**
47 – Cartas Persas II – **Montesquieu**
48 – Princípios do Conhecimento Humano – **Berkeley**
49 – O Ateu e o Sábio – **Voltaire**
50 – Livro das Bestas – **Lúlio**
51 – A Hora de Todos – **Quevedo**
52 – O Anticristo – **Nietzsche**

53 – A Tranqüilidade da Alma – *Sêneca*
54 – Paradoxo sobre o Comediante – *Diderot*
55 – O Conde Lucanor – *Juan Manuel*
56 – O Governo Representativo – *Stuart Mill*
57 – Ecce Homo – *Nietzsche*
58 – Cartas Filosóficas – *Voltaire*
59 – Carta sobre os Cegos Endereçada àqueles que Enxergam – *Diderot*
60 – A Amizade – *Cícero*
61 – Do Espírito Geométrico - Pensamentos – *Pascal*
62 – Crítica da Razão Prática – *Kant*
63 – A Velhice Saudável – *Cícero*
64 – Dos Três Elementos – *López Medel*
65 – Tratado da Reforma do Entendimeno – *Spinoza*
66 – Aurora – *Nietzsche*
67 – Belfagor, o Arquidiabo - A Mandrágora – *Maquiavel*
68 – O Livro dos Mil Provérbios – *Lúlio*
69 – Máximas e Reflexões – *La Rochefoucauld*
70 – Utilitarismo – *Stuart Mill*
71 – Manifesto do Partido Comunista – *Marx e Engels*
72 – A Constância do Sábio – *Sêneca*
73 – O Nascimento da Tragédia – *Nietzsche*
74 – O Bisbilhoteiro – *Quevedo*
75 – O Homem dos 40 Escudos – *Voltaire*
76 – O Livro do Filósofo – *Nietzsche*
77 – A Miséria da Filosofia – *Marx*
78 – Soluções Positivas da Política Brasileira – *Pereira Barreto*
79 – Filosofia da Miséria – I – *Proudhon*
80 – Filosofia da Miséria – II – *Proudhon*
81 – A Brevidade da Vida – *Sêneca*
82 – O Viajante e sua Sombra – *Nietzsche*
83 – A Liberdade do Cristão – *Lutero*
84 – Miscelânea de Opiniões e Sentenças – *Nietzsche*
85 – A Crítica Kantiana do Conhecimeno – *Polo*

Futuros Lançamentos:

- Dicionário Filosófico – *Voltaire*
- Crítica da Razão Pura – *I. Kant*
- A Cidade do Sol – *Campanella*
- Dos Delitos e das Penas – *Beccaria*
- Do Servo Arbítrio – *Lutero*
- Vontade de Potência – *Nietzsche*
- A Cidade Antiga – *Fustel de Coulanges*
- O Cidadão – *Hobbes*
- O Destino do Homem – *Fichte*
- Os Devaneios do Caminhante Solitário – *Rousseau*
- Sistema novo da Natureza – *Leibniz*
- Filosofia e Ciência – *Schopenhauer*
- Dores do Mundo – *Schopenhauer*
- O Fundamento da Moral – *Schopenhauer*

IMPRESSÃO E ACABAMENTO:
OCEANO IND. GRÁFICA – (11) 4446-6544

• 2007 •